あなたはなにが好きですか。
ぼくはロケットが好きです。

小さな町工場で、
ぼくはロケットを作っています。
宇宙に飛び出す、本物のロケットです。

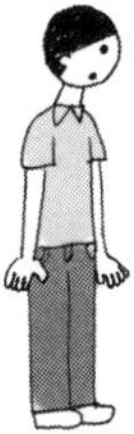

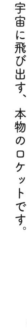

この世には、
よっぽど頭が良くないと、
よっぽどお金を持っていないと、
よっぽど才能とか経験がないと、
「どうせ無理だ」
といわれることがたくさんあります。

でも、あんなにちっぽけな工場の人だって、
ロケットを飛ばせるくらいだから
もしかしたら自分にもなにかできるんじゃないか。
そんな風に感じてもらえたらいいなと思って、
ぼくはロケットを作っています。

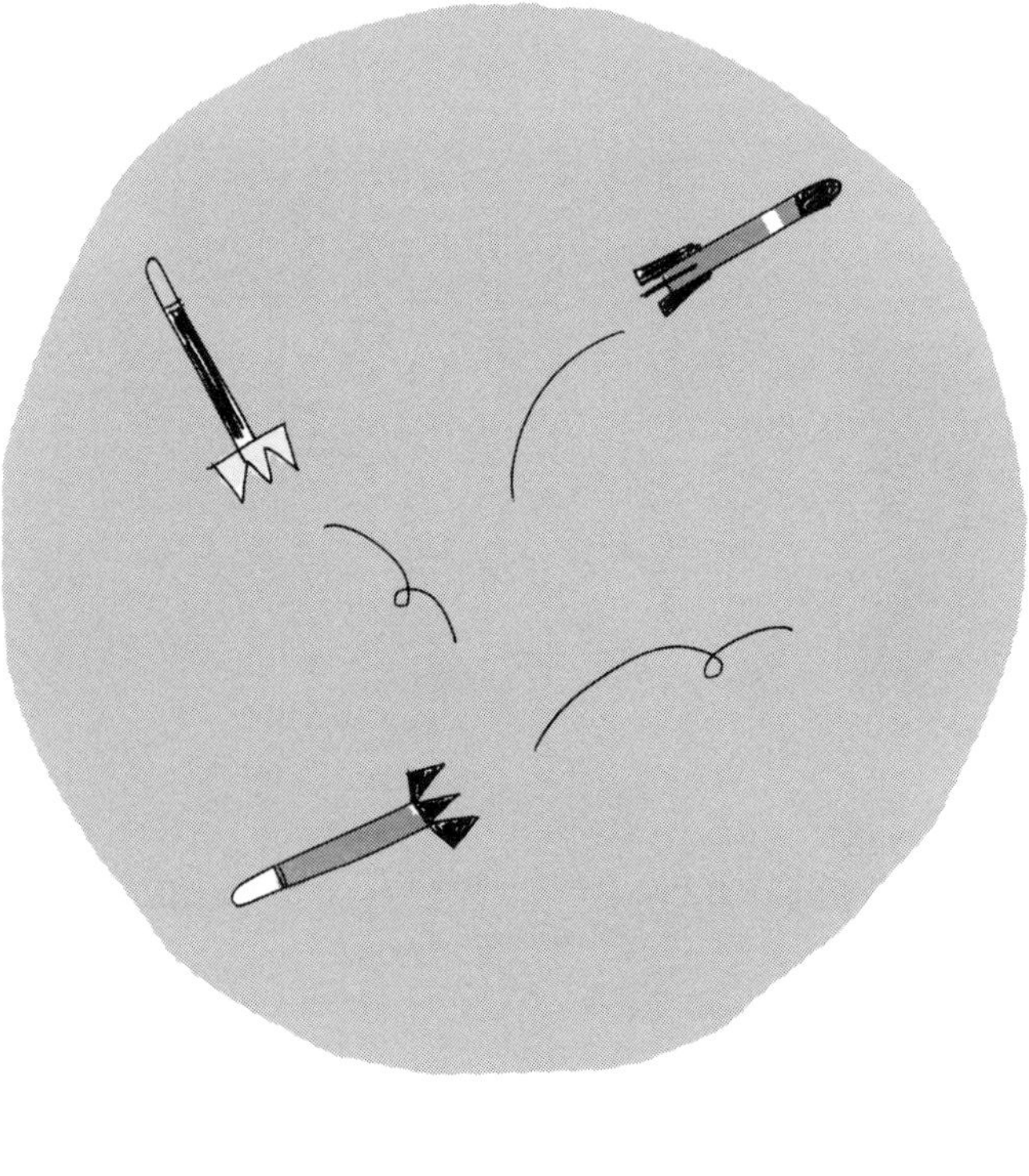

ぼくの工場には、よく子どもたちが遊びにきます。
彼《かれ》らもたいていロケットが好きです。
だから一緒《いっしょ》にロケットを作ってもらいます。
ただ、作り方は教えません。
わからなければ、自分で調べればいいからね。
まわりのやり方を見て、真似をすればいいからね。
自分がわかったことは、みんなに教えてあげてね。
そうすれば〝わからないこと〟なんて、あっという間になくなるから。
そう伝えると、みんなちゃんと自分たちの手で
ロケットを完成させます。

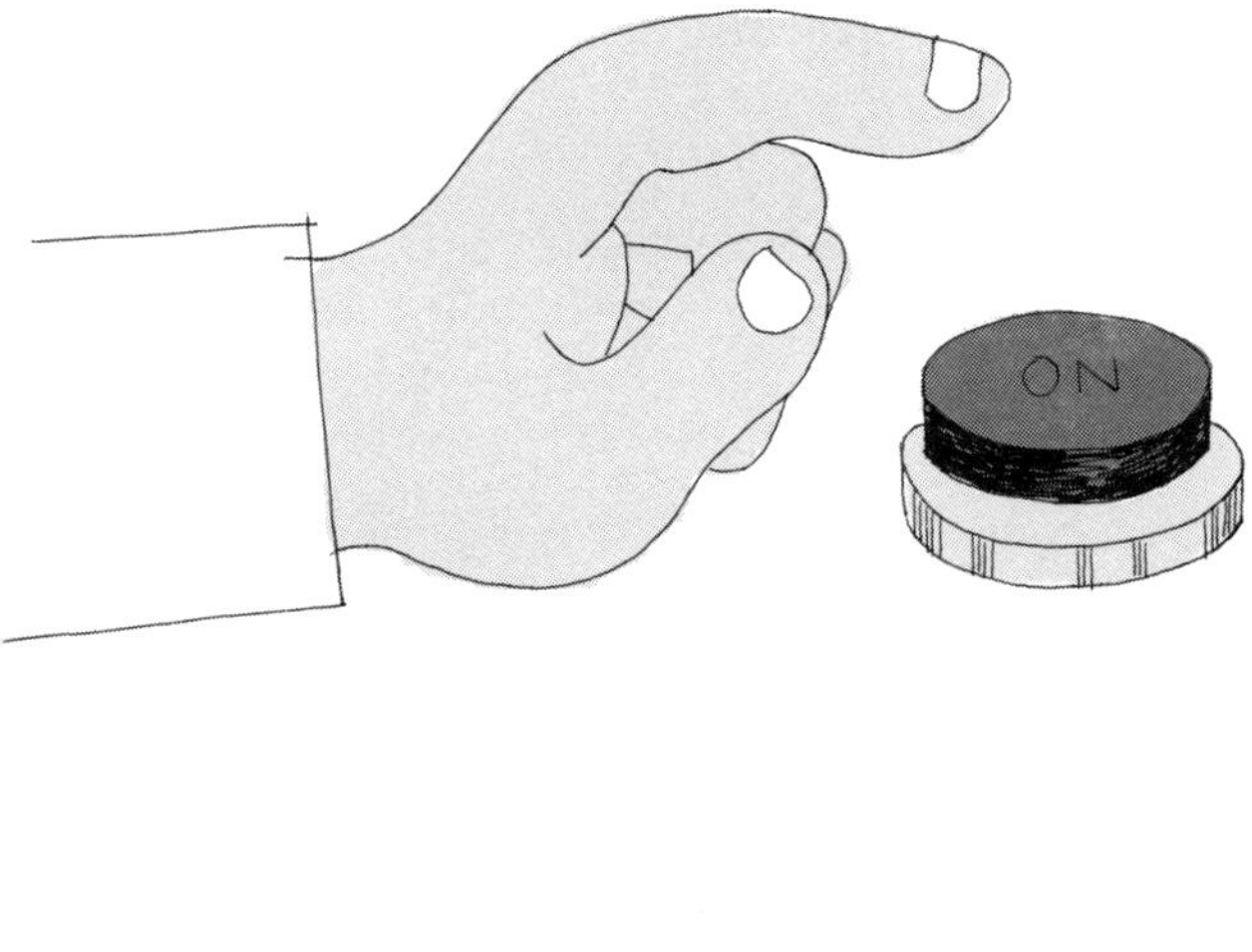
ON

〝自分のロケット〟を完成させると、みんな我先にと飛ばしたがります。

でも、ためしにぼくがロケットを飛ばしてみせると、「やっぱり飛ばしたくない」といいはじめます。

「あんなに飛ぶとは思わなかった」といいます。

発射ボタンを押《お》せなくなってしまう子もいます。

〝どうせ自分のやつはだめだ〟って、ためらうのです。

でも、ロケットは飛ぶんです。

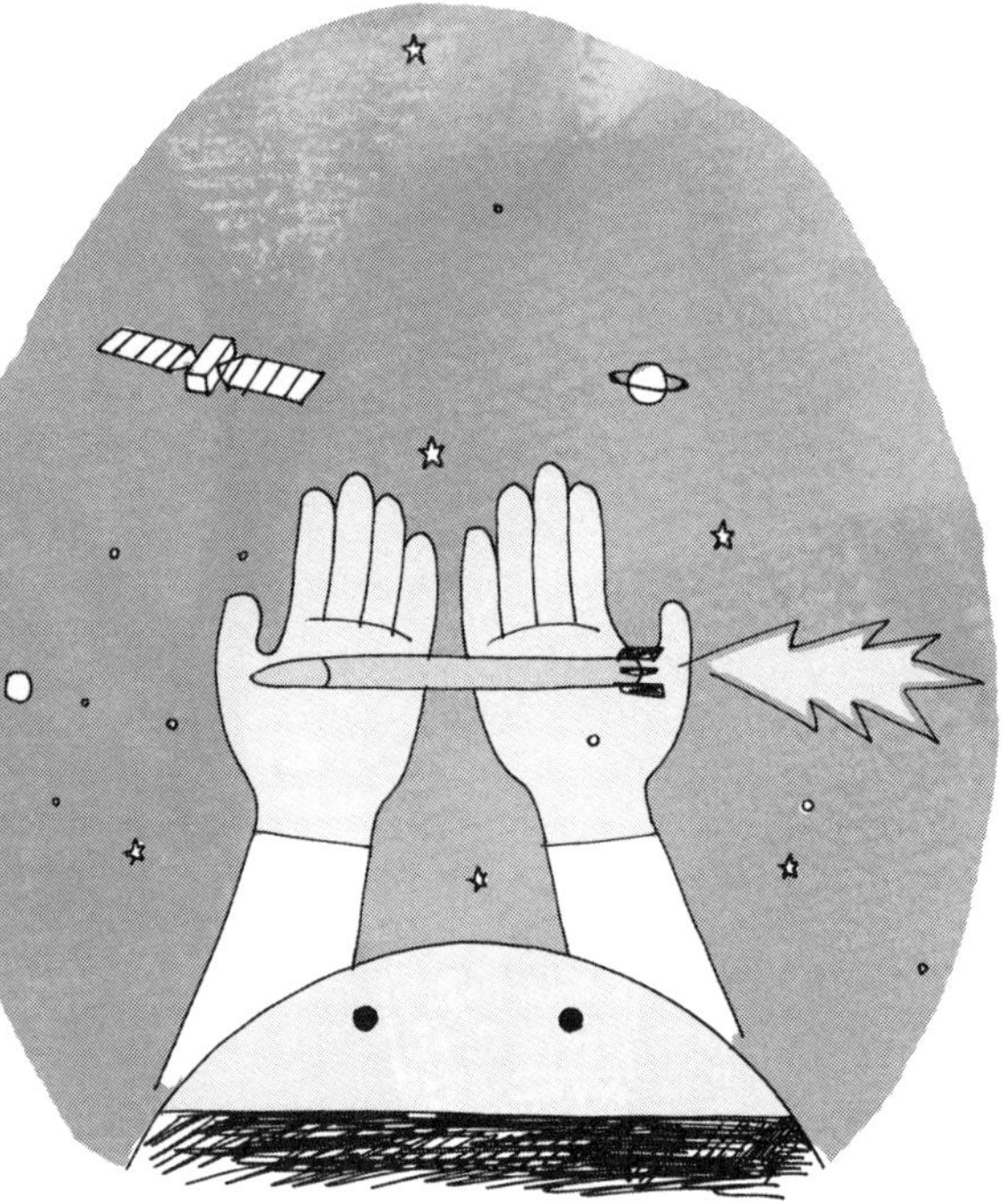

そうしたら変化が起こります。
みんな、やさしくなれるんです。
「作れない」と思っていたロケットを作れたから、
「飛ぶわけがない」と思っていたロケットを飛ばせたから、
小さな自信がわいたのです。

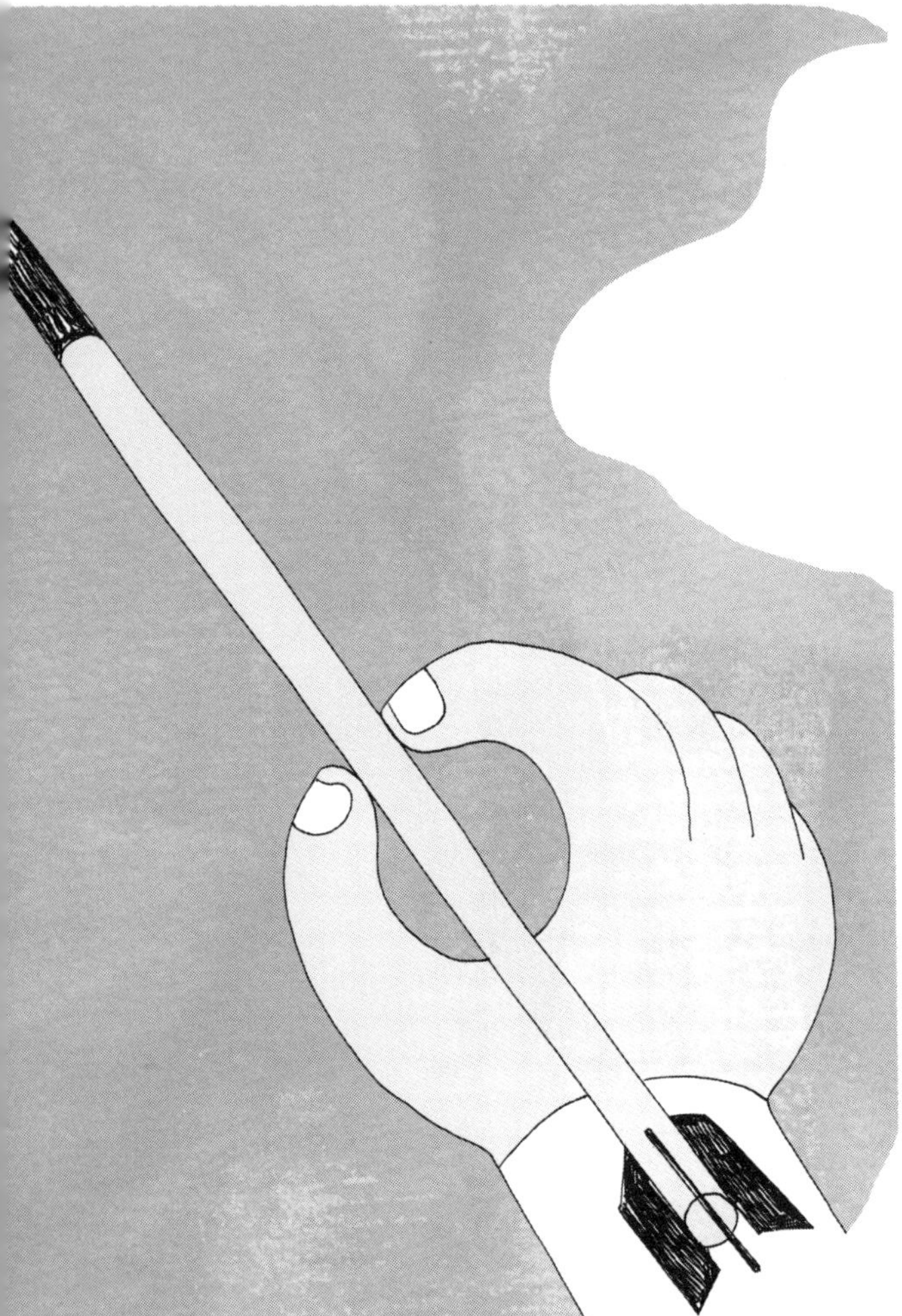

この小さな自信が、
これからの日本にどうしても必要なのです。

空想教室

みなさん、こんにちは。
今日はみなさんに会えることをとても楽しみにしていました。

今からみなさんの貴重な時間を借りて、お話を聴《き》いてもらいます。
このお話は、ぼくの仲間を探すための話です。
ぼくが「仲間が見つかったらいいな」と思ってする話だから、
全然かたくるしい話じゃないです。
紙芝居《かみしばい》を見るみたいに気持ちを楽にして、
話を聴いてくれたらいいなと思います。

今からみなさんにお伝えしたいことは、とっても簡単なことです。

それは
「思うは招く」

ということです。

これは中学生のときにぼくの母さんが教えてくれた言葉で、
「思ったら、そうなるよ」という意味です。
夢があったらなんでもできるのです。
本当です。
子どもだけではなく、もちろん大人もです。
だからみなさんには、ぜひ素敵な夢をたくさん持ってほしいなって思います。

本書は、2015 年 11 月に刊行された書籍
『好奇心を“天職”に変える　空想教室』に一部改訂を加えた文庫版です。

IMAGINATION LESSON

CONTENTS

Lesson1

思い描く。

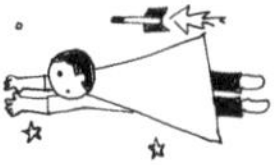

Lesson2

思い込む。

Lesson3

思いやる。

Lesson4

思い切る。

Imagination Lesson

Lesson1

思い描く。

Imagine

Imagination Lesson

01

もう一度、「自分の夢ってなんだろう?」と考える。

「あなたの夢はなんでしょうか？」

ありきたりな質問だと思ったでしょうか。
今さら夢なんて、と恥《は》ずかしく感じた人もいるでしょうか。
でもこれからは、夢がない人は生きていけなくなるかもしれません。
なぜなら今、とても大変なことが起こっているからです。
目の前に大きな壁《かべ》が迫《せま》っているのです。

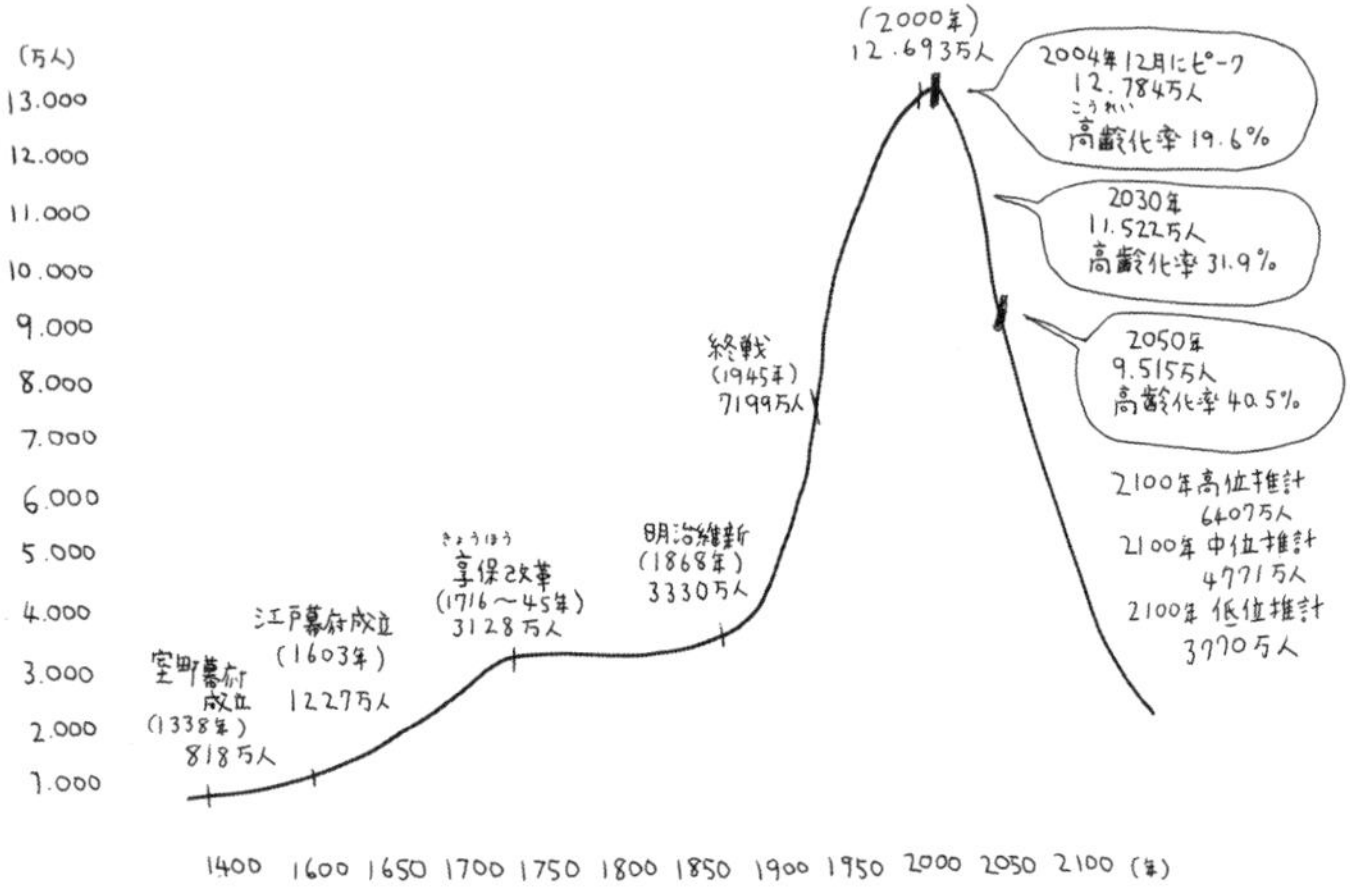

これは日本の人口のグラフです。日本の人口は今までずっと増え続けてきました。とくに明治維新《いしん》を境に、その後とんでもない勢いで増えています。

ところが２００４年の12月から、これまたとんでもない勢いで減っています。つまりぼくたちは人口のピークをむかえ、その後、急激に減りはじめた斜面《しゃめん》をたった今、下っているわけです。

過去に、この下り坂を経験した日本人はいません。だから人口のピークより後、人口が減り続ける社会では、なにが起こるか誰《だれ》にも予測できません。

少なくとも、上の世代がいうところの「若い頃《ころ》は」「昔は」「普通《ふつう》は」という常識は一

出典）総務省「国勢調査報告」、同「人口推計年報」、同「平成12年及《およ》び17年国勢調査結果による補間推計人口」、国立社会保障・人口問題研究所「日本の将来推計人口（平成18年12月推計）」、国土庁「日本列島における人口分布の長期時系列分析《ぶんせき》」（1974年）をもとに、国土交通省国土計画局作成

切通用しないでしょう。まったく新しい、はじめての時代をぼくたちは生きているのです。

人口が急に減った国では大変なことが起こります。

たとえば「お店の売上」は落ち続けます。「お店の売上」が、お客さんの数と比例するのは当たり前のことですからね。

お店だけではありません。まともに考えたら「経済がプラス成長する」とか「給料が毎年増える」ということは難しそうです。

今までの日本はそうではありませんでした。〝すなお〟で〝まじめ〟に仕事をがんばっていれば、毎年、給料がちょっとずつ増えました。

多くの人は、それは当然のことだと思っていたでしょう。

でもそれはたまたま、「人口が増え続けていたから」なのかもしれません。

これからはどんどん人口が減っていきます。

だとすれば、会社に入ってすぐの初任給が最高で、あとは毎年給料が下がっていくということになります。そんなことがもう現実に起こりはじめて

います。

では、お先は真っ暗なんでしょうか？

いいえ。そのかわり、こんな時代だからこそ「夢が大切だ」といわれます。

「夢」というのはよく聞く言葉です。よく聞く言葉だからこそ、大人は軽く考えてしまいがちです。

でも夢は必要です。

もう一度ききます。

あなたの夢はなんでしょうか？　そもそも「夢」っていったいなんなのでしょうか？

これからみなさんと一緒《いっしょ》に考えていきたいと思います。


ぼくは先ほど「これから先の日本は、給料が毎年下がるような国になるかも」と縁起《えんぎ》でもない話をしました。

でも実は全然大丈夫《だいじょうぶ》なんです。

ちょっと難しい言葉になりますが、日本の〝単位労働時間あたりのＧＤＰ〟

は、フランスの半分くらいしかないからです。

どういうことだかおわかりになりますか？

同じ時間働いたとしても、日本人が生み出すものは、フランス人の半分くらいしかないということです。

日本人はどれだけ効率の悪い仕事をさせられているのでしょうか。

つまり、まだいくらでも改善できるということです。

日本は2倍の経済成長ができるかもしれないし、それはもしかしたら世界を救うチカラになるかもしれません。

そのためには間違《まちが》いなく、みなさん一人ひとりの能力の向上が必要です。

そして能力の向上のためには、夢が必要です。

だからみなさんには、素敵な夢をたくさん持ってほしいのです。


夢について、もうみなさんは知っています。

〝あきらめなければ、夢は叶《かな》う〟

すばらしい言葉です。本当のことだと思います。

でもその言葉の裏にはとんでもない副作用がありました。

それは「夢が叶わなかったのは、あきらめた自分が悪いんだろう」ということです。

あきらめた自分のことを責めている。そんな人を、ぼくはたくさん知っています。

でも自分を責める必要なんてありません。なぜなら日本が変だからです。

「夢」という言葉について調べてみたところ、アメリカの辞書には〈夢とは……強く願い、努力すれば実現できるもの〉と書かれていました。

ところが、日本の辞書には〈夢とは……はかないもの。叶わないもの〉と書かれていました。

実際、日本人には「あきらめた」んじゃなくて、「あきらめさせられた」人の方が圧倒《あっとう》的に多いのです。

〈夢とは……はかないもの。叶わないもの〉だと思い込《こ》んでいる、いろんな人たちによって、です。

自分を責める必要なんてまったくありません。

今、これから「自分の夢ってなんだろう？」と考えてほしいのです。

もしかしたら誰かに押《お》しつけられた夢を、自分の夢だと思い込んでいるだけかもしれません。

自分の本当の夢を、一生懸命《けんめい》考えてほしいのです。

夢が「いらなかった」時代は終わろうとしている。

Imagination Lesson

02

「すでにできること」ではなく「まだできないこと」をはじめてみる。

ぼくは昔、潜水艦《せんすいかん》が大好きでした。

小学校6年生のとき、卒業文集の〝ぼくの夢、わたしの夢〟というお題の作文には、「自分で作った潜水艦で、世界の海を旅したい」と書きました。

その頃《ころ》テレビをつけると『海底少年マリン』とか『海のトリトン』とか、海をテーマにしたアニメがよく放送されていたからです。ぼくは海に憧《あこが》れて、水泳が大好きになりました。

でもなぜかいくら泳いでも息継《つ》ぎができるようにならなかったので、高校を卒業するまで息継ぎをするふりをしていました。そして息継ぎができないぼくが海底を旅するには、潜水艦が必要だと思っていたのです。

ところが「潜水艦を作りたいです」と作文に書いたら、すぐに職員室に呼び出されました。

先生は怒《おこ》っていました。そして「他の子はみんな〝ちゃんとした仕事〟のことを書いているのに、おまえだけどうしてこんな〝できもしない夢みたいなこと〟を書くんだ」といいました。

「夢を書きなさい」といわれたから、すなおに夢を書いたのに、「夢みたい

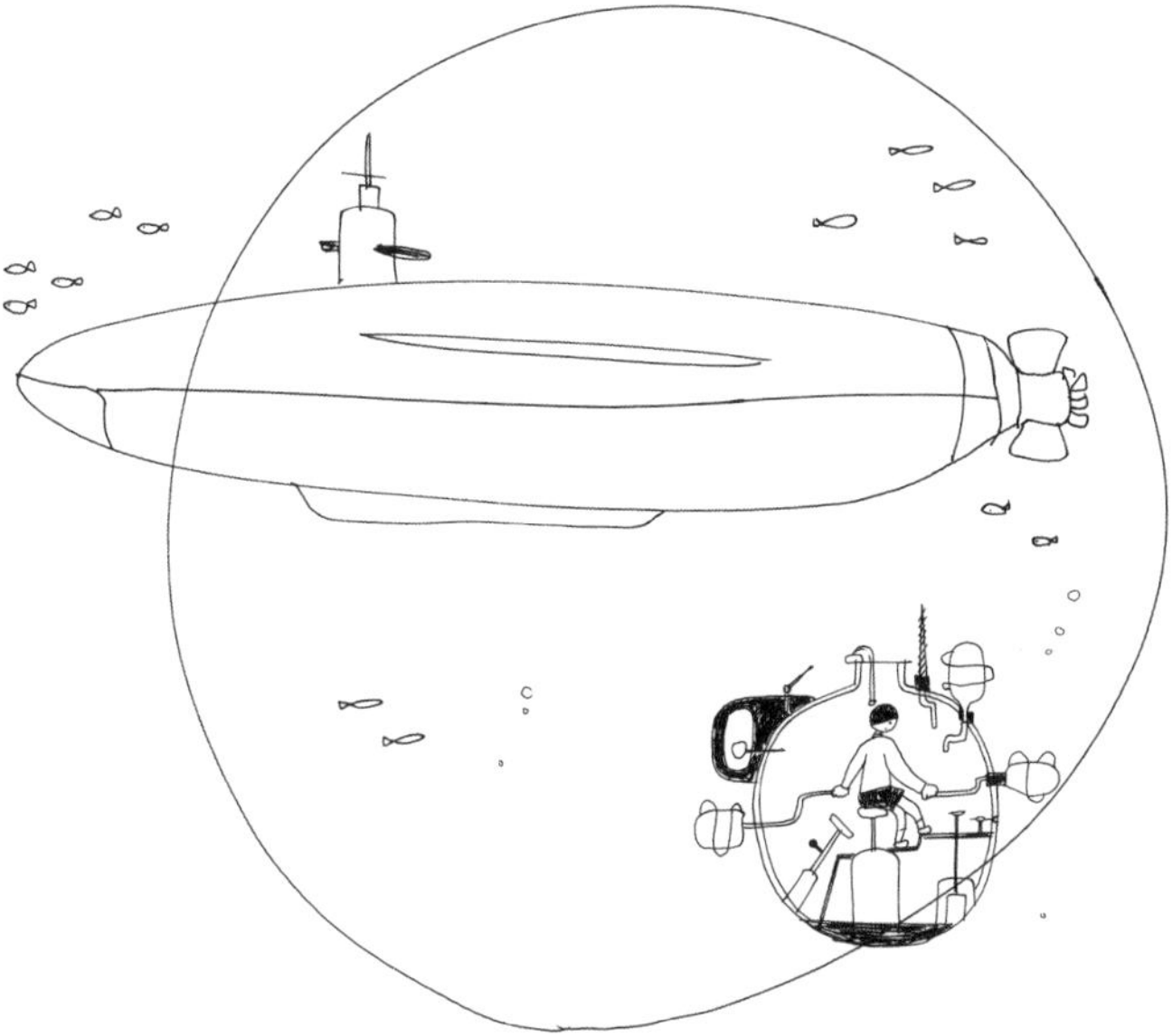

なことを書くんじゃない」といわれました。

ぼくはこまってしまいました。

先生によれば「潜水艦なんて作れるわけない」ということなんです。なぜかとたずねれば「すごくお金がかかるし、よっぽど頭が良くないと無理だから」なんだそうです。

ぼくは誰《だれ》もが想像する、真っ黒くて大きないわゆる潜水艦を作る気はありませんでした。

ぼくの大好きな図鑑《ずかん》に、人類最初の潜水艦が載《の》っていたのですが、ぼくが作りたかったのはこれでした。今から200年以上前に実際に使われたその潜水艦には、エンジンもモーターもありませんでした。

中に乗ったタイツをはいたおっちゃんが、手でスクリューを回すと前に進み、敵の船の下にしのびよって屋根についているドリルで敵の船底に穴をあけて沈《しず》めるという、いたって単純な作りのものです。見た目もコミカルですが、これはアメリカの独立戦争という戦争で実際に使われた潜水艦でした。

ちなみにこの潜水艦は無事イギリスの船の下にしのびよったものの、残念ながら穴をあけることはできなかったそうです。

けれどこの潜水艦はちゃんと潜《もぐ》って、ちゃんと無事に戻《もど》ってこられたのです。

ぼくはそのことを知っていました。

そして昔の人が作れたのなら、ぼくにも作れるかもしれないと思っていました。

ところがこの小さな潜水艦のことを知らない先生は、「潜水艦なんか作れるわけない」の一点張りでした。

ぼくはとても悲しくなり、考えました。

〝実現しそうなこと〟しか、夢だといってはいけないのか。

では実現するかしないかは、いったい誰が決めるんだろう。

やってみなきゃわからないはずだ。

やったこともない人が「無理だ」と決めるのは変じゃないか。

そう思いました。

そもそも夢＝仕事なのでしょうか。

だとしたら、夢というものは〝すでにこの世にある職業〟の中からしか選べないのでしょうか。

新しい仕事はどうやって生まれるのでしょうか。

「自分にできそうなことの中から選んだもの」が夢なのでしょうか。

だとしたら、小学生のぼく、中学生のぼく、高校生のぼく、そして今のぼくにだって、できることには限界があります。

「その中から未来を選ぶ」なんて、怖《こわ》いことだなと思いました。

だからぼくはいっぱい考えました。

いっぱい考えた結果、夢とは「今できないことを、追いかけること」だと確信したのです。

同じ夢について話しても、人によってイメージは違《ちが》う。

03

はじめから人にまかせず、まずは自分で試してみる。

ところが世の中はそんなに甘《あま》くなかったようです。

ぼくは大人たちから「潜水艦《せんすいかん》なんて追いかけている暇《ひま》はない」「ちゃんと勉強をしないと、いい学校に入れなくて、いい会社に入れなくて大変だよ」とさんざんいわれました。

たしかにぼくはあまり勉強ができませんでした。勉強ができないということは、いい学校に入れない。いい会社に入れないから、あとで大変なのかもしれない。

心配になって「いい会社とは、どんな会社ですか?」と質問をすると、大人たちがわかりやすく教えてくれました。

「いい会社とは、安定していて、楽をして、お金をもらえる会社だよ」

納得ができません。なぜなら勉強すればするほど、能力が身につくはずだからです。せっかく身につけた能力を、なるべく使わないようにするために、勉強しろというのです。なんじゃそりゃと思いました。わかんなくなっちゃいました。

ぼくだけではありません。「あとで楽できるように、今がんばって勉強しなさい」といわれている人は、今でも世の中にたくさんいます。

でも今のぼくにはわかります。

〝楽〟とか〝安定〟とか〝高い給料〟を求めて、会社を選んだら大変なことになります。

なぜかというと、必ず「思ってたのと違《ちが》った」と悔《く》やむことになるからです。

この世に「楽な仕事」なんてほとんどありません。

たとえ「楽な仕事」を見つけて、その仕事につくことができたとしても、きっとつまらないです。やりがいとか達成感は、その仕事が困難だからこそ得られるものじゃないですか。それに「高い給料」を手に入れたとしても、たいした自慢《じまん》にもなりません。自分より給料が高い人なんていくらでもいるからです。

そのことを知った瞬間《しゅんかん》、「あれ？」って思っちゃうはずなんです。そして、急に働くことがバカバカしくなってしまいます。

せっかく〝いい会社〟に入ったのに、ぽーんとやめてしまうような人たちは、もしかしたら親や先生や先輩《せんぱい》から「楽ができて、安定していて、高い給料をもらえる会社を選んだ方がいい」と教えられた人なのかもしれません。そんな価値観を、まわりに押《お》し付けるなんてひどいですね。仕事ってそういうものじゃないはずです。仕事ってもっと素敵なものです。

「でも、お金さえあればなんだって手に入るじゃないか」

そんな風に、反論する人もいるかもしれません。

こんなにすばらしい服や車が手に入るのは、こんなにすばらしい料理を食べられるのは、〝お金があるから〟だろうと。

とんでもない勘違《かんちが》いですね。

すばらしいものが手に入るのは、「どこかで、誰《だれ》かが、作っているから」です。もっと「いいもの」を作ろうと一生懸命《けんめい》研究している人たちがいて、その人たちがその「いいもの」を売ってくれているから、お金を出して買うことができているだけの話です。

実は、お金なんてたいしたものではありません。

いろんな人が、いろんな夢を持っています。

ただその中でも「お金がないと実現しない夢」は、自分の〝夢〟ではなく、誰かにしてもらう〝サービス〟なのかもしれません。

よく考えてみてください。

誰かにしてもらわないと実現しない夢は、叶《かな》えようと思っても叶わないのです。

たとえば誰もが「しあわせになりたい」と願っているでしょう。でも「しあわせになりたい」と願っているだけでは、しあわせにはなれません。

しあわせになるためには、まず「自分にとってのしあわせとはなにか?」を考える必要があります。

その上で「そのしあわせを手に入れるためには、どうしたらいいか?」を考えて、自分から行動を起こすことによって、はじめてしあわせになれます。

漠然《ばくぜん》と「幸運に恵《めぐ》まれて、しあわせになりたい」と考えているのは、まさに「してもらう」のと同じです。

いきなり「してもらおう」と思わず、まずは自分で考えて、自分でやってみる。

これは人が生きていく上でとっても大事なことです。

自分が「できない」ままだと、誰かに「してもらう」しかなく、その人にいつまでもお金を払《はら》わなければならないからです。

たとえば、ある大学生は「自炊《じすい》ができない」らしく、全部外食かコンビニ弁当で済ませています。だから月に何万円も外食代を払っています。「洗濯《せんたく》もできない」といって、月に何千円もクリーニング代を払っています。

そしてそのお金をかせぐために、勉強の時間を惜《お》しんでバイトをしています。コンビニとクリーニング屋にお金を払うためです。大学の授業料を無駄《むだ》にしながらです。おかしな話ですよね。

でも反対に自分が「できる」ようになれば、誰かに「してあげられる」ようになります。

お金の支出が減るだけではなく、それは仕事になるかもしれません。

だからやっぱり、人間にとって最もいいことは、「できなかったことが、できるようになること」だと思います。

今できないことを追いかけることが夢ならば、人は夢を持つことによって、能力が増えて、できる仕事が増えることになります。

今、日本では会社ができる数よりも、なくなる数の方がはるかに多いです。毎年、何十万人分もの仕事がなくなっています。

でもみんなが夢を持てば、新しい会社がどんどんできて、働く場所が増えるでしょう。

それは案外いいことで、素敵なことなのかもしれません。

手に入るのは
お金があるからではなく、
作った人が
売ってくれているから。

Imagination Lesson

04

今の時代の「ラッキー」から、作り出せるものを考える。

ぼくは今、北海道の真ん中へんにある、赤平《あかびら》という町で小さな工場を経営しています。

その工場でぼくはロケットを作っています。

誰《だれ》かに頼《たの》まれて、部品を作っているわけではありません。

ロケットをまるごと作って、自分たちの手で宇宙に打ち上げているのです。

人工衛星もまるごと作って打ち上げています。その人工衛星は宇宙で立派に役目を果たしました。

それからぼくの工場には大きなタワーがたっています。

このタワーは宇宙に似た無重力状態を地上で再現する実験装置で、NASAとドイツとぼくの工場にしかないものです。世界に3つしかないものが、

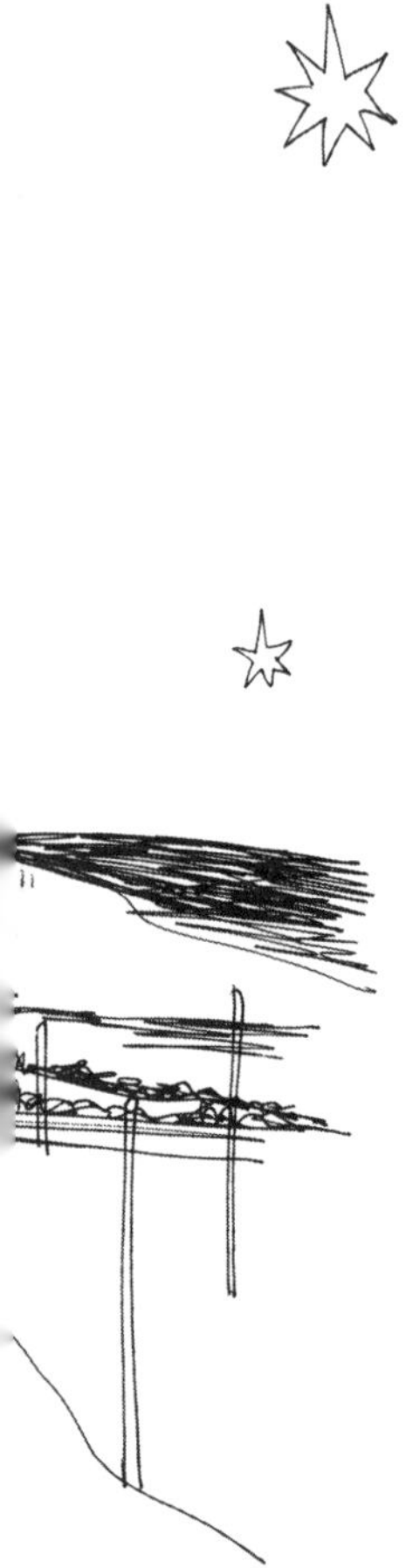

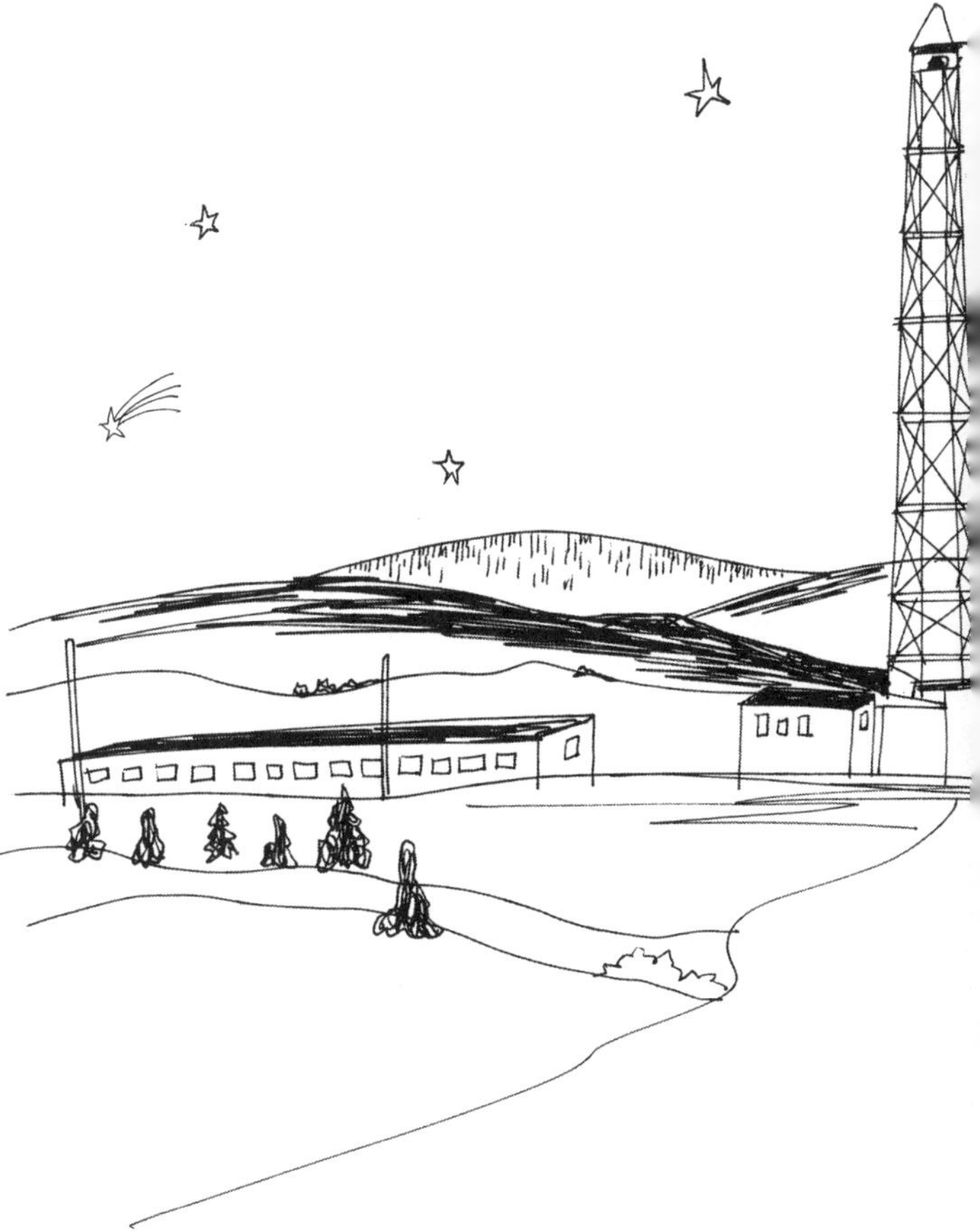

うちの工場に一つあります。

どの部品も、どの装置も売っていないものだから、自分たちで工夫して作りました。

そうしたら今では日本のＪＡＸＡ（宇宙航空研究開発機構）が１年の３分の１くらい、ぼくの工場まで実験しにきてくれるようになりました。実験装置がうちの工場にしかないから、うちの工場にくるしかないんです。

おかげでぼくはずっと憧《あこが》れていた宇宙飛行士の毛利衛《まもる》さんや、小惑星探査機のはやぶさを作った川口淳一郎《じゅんいちろう》さんとも仲良くなることができました。ＮＡＳＡの人もきてくれるようになりましたし、１年間に約１万人以上の学生が見学にきてくれるようになりました。ぼくの住む赤平の人口はたった１万１０００人です。とってもうれしいです。

なんでこんなにいろんな人がきてくれるのか？

それはたぶん、ぼくたちが自由に「宇宙の仕事」をしているからだと思います。

ぼくたちは宇宙開発をしていますが、政府や企業《きぎょう》から開発費をもらったりせず、自分たちで稼《かせ》いだお金だけで勝手にやっています。

それに、ぼくの工場の従業員は20人足らずです。しかもこの中に、大学で宇宙の勉強をしてきた人はひとりもいません。もともと保育士だった女の人もいます。

そんな人でも宇宙開発をしています。できるんです。

なぜならば、もう誰にでもできる時代になったからです。

どういうことか。

たとえば、ロケットはとにかく軽い方がいい。だからぼくたちのロケットは全体が鉄より強いプラスチックでできています。

その特殊《とくしゅ》なプラスチックが手に入るようになったから、世界でも珍《めずら》しいロケットを作れるようになりました。

ホームセンターで誰でも買えるんです。便利な時代になりました。

また人工衛星を作るためには、宇宙で自分がどのくらい傾《かたむ》いているのか、精密に角度を測るセンサーが必要です。

その精密なセンサーはどうやったら手に入るのか。任天堂はすごいです。Wii（2013年に生産終了した任天堂の家庭用ゲーム機）のリモコンに入っている角度センサーは、もしかすると今の日本のロケットのものより高性能かもしれません。

日本が使っているH2ロケットは今から約40年前に開発されたもので、積んでいる電子部品などはいまだに40年くらい前のものが使われていたりします。

40年前の携帯《けいたい》電話は、どうやって携帯したのかわからないほどです。ポケットにもかばんにも入らないし、アンテナもひっこまない。重さも1キロをこえていたので、電話を持つ手もぷるぷるしたことでしょう。まるで巨大《きょだい》なレンガみたいな物体が、当時の最先端《さいせんたん》でした。

技術というものは、気づかないうちに発達しているんです。

人類は意外とがんばっているんです。

だから大人たちが昔の常識で「それは無理じゃない？」「難しいんじゃない？」といっていることのほとんどは、意外とホームセンターに行ったら解決できちゃうようなことかもしれません。

そんなすばらしい時代をぼくたちは生きているんですよ。ぼくたちはとってもラッキーなんです。

「長年の憧れ」をやめて、できることから探してみよう。

Imagination Lesson

05

なくなるお金ではなく、なくならない知識をためる。

まだ小さかったぼくに、ばあちゃんが大事なことを教えてくれました。

ばあちゃんは北海道の北にある樺太《からふと》という大きな島で、戦争の前から車の会社をやっていました。

当時は車の免許《めんきょ》を持っている人の数が、飛行機の免許を持っている人の数よりも少なかったような時代でしたが、ばあちゃんはがんばって働いて、お金を貯めて、家族みんなで豊かに暮らしていたそうです。

そこに1945年、突然《とつぜん》ソビエトという国が攻《せ》めてきます。町に戦車がやってきて、たくさんの人が殺されて、樺太は「サハリン」とよばれるようになりました。

ばあちゃんはなんとか逃《に》げ延びたけれども、日本に帰ってきたときには、がんばって貯めたお金が全部紙くずになっていたことを知ったそうです。

だから、ばあちゃんは小さいぼくに教えてくれました。

お金はくだらないよ。

一晩で価値が変わることがあるからね。

だからお金があったら、貯金なんてしないで、本を買いなさい。

知識を頭に入れなさい。

それは誰《だれ》にも取られないいし、価値も変わらない。そして、新しい価値を生み出してくれるから。

そう教えてくれたんです。

さらにばあちゃんは「お金は、〃自分の知恵《ちえ》と経験〃のために使ったら、貯まり続ける」と教えてくれました。

その教えを守っているぼくは、外で食事をするとき、なるべく料理を作っているところが見える場所で食べています。そうしたら、作り方を覚えてしまうことがあります。その作り方を居酒屋をやっている地元の友だちに教えたら、そのお店のメニューが１品増えることもあります。それはきっと「ぼくがご飯代を払《はら》った以上の価値を持って帰ってきた」ということになるのでしょう。お金は「仇《かたき》を取るように」使ったら減りません。ぜひお金は大事に使ってほしいと思います。


またぼくには大好きなじいちゃんがいました。大きくてやさしいじいちゃんでした。

じいちゃんはぼくを大切にしてくれて、いつも一緒《いっしょ》に遊んでくれました。

そんなじいちゃんとの一番の思い出はアポロの着陸です。3歳《さい》だったぼくは、じいちゃんのあぐらの中で、テレビをみていました。でもぼくの記憶《きおく》にあるのは画面ではありません。

じいちゃんです。

じいちゃんが見たこともないほど喜ぶんです。ほらみろー、ほらみろー、人が月にいったぞって。おまえも月にいけるぞーって喜んでいるんです。

こんな笑顔は見たことないと思いました。

ぼくはその笑顔をもう一回見たくなり、本屋に行って飛行機やロケットの本を手にしたり、飛行機やロケットの話をしたりするようになりました。

するとじいちゃんはいつも喜んでくれて、でっかい手でぼくの頭をなでてくれました。

うれしかったです。ぼくはきっとじいちゃんの笑顔がみたくて、知らないうちに飛行機とかロケットが好きになったんだろうなと思っています。

ばあちゃんやじいちゃんのおかげで本屋が大好きになり、小学生になったぼくは本屋で運命の本に出会います。

それは『よく飛ぶ紙飛行機集』という本でした。この本は、ハサミで切って貼《は》って作る紙飛行機でいっぱいでした。とってもよく飛ぶこの紙飛行機が、ぼくに小さな自信をくれました。

ぼくは小さい頃《ころ》から片方の目が悪いので、物との距離感《きょりかん》がよくつかめません。だからスポーツがとてつもなく下手くそです。ボールをちゃんとキャッチすることができないし、打ち返すこともできません。スポーツの試合に参加すると、ぼくのせいで負けるんだといわれました。だから体育の時間はものすごく憂鬱《ゆううつ》な時間でした。

でもぼくの作る紙飛行機は、体育館のはじからはじまでまっすぐ水平に飛びます。外で飛ばしたら、見えなくなるまで飛んでいくんです。

その様子をいつもぼくのことをバカにしていた子が見て、「おまえの紙飛行機すごいな。作り方を教えてよ」といってくれました。

人に頼《たよ》られたんです。うれしかったです。だからぼくはこの『よく飛ぶ紙飛行機集』が大好きになって、この本に書いてあった飛行機の設計の仕方を、まるごと全部覚えてしまいました。『よく飛ぶ紙飛行機集』に書かれている内容は、小学生のぼくにとってまったく容赦《ようしゃ》のない、とっても難しいものでしたが、ふりがながふってあったので、ぼくはなんとか必死に読んで、紙飛行機を飛ばすための計算式を覚えました。

せっかく覚えた計算式ですが、それは学校のテストには一度も出ませんでした。

だから「そんなくだらないことを覚えてる暇《ひま》があったら勉強しなさい」って、なんぼいわれたかわからないです。

でもぼくは今、飛行機とロケットを作れます。この本に書かれていたことを覚えたおかげです。

だって紙飛行機が飛ぶ理論も、本物の飛行機が飛ぶ理論も、実はまったく同じものだからです。全然くだらなくなかったのです。

またあるとき、友だちがプラモデルを作りはじめました。ぼくも作りたいと思っておねだりしたら、父さんはものづくりの仕事をしていたから「プラモデルなんて簡単すぎてだめだ！　男なら鉄で作れ！」といわれました。

ということで、ぼくは小学生のうちから強制的に電気溶接《ようせつ》とガス切断のやり方を覚えさせられました。

たまったものじゃないです。熱くてやけどばっかりするし、友だちを誘《さそ》っても誰も近寄ってこないし。しかも、よくよく考えてみたら電気溶接もガス切断も、全部父さんの仕事の手伝いになっていました。（働かされてるじゃん）と思いました。

プラモデルを作りたいけど、作らせてもらえない。こまったぼくは、本屋にいきました。こまったときは本屋です。本屋で今度は『ペーパークラフト』という本を見つけちゃいました。

この本の中には、戦車や飛行機や動物などの部品が印刷されています。この部品をハサミで切って、貼るだけで、まるでプラモデルのように立体模型が作れるのです。

このとき、ぼくは気づいてしまいました。

〃これを紙ではなく金属で作って、でっかくしたら本物になる〃

だから一生懸命《けんめい》、ペーパークラフトを研究しました。ペーパークラフトでいろんなものを作りました。すると近所にいた板金屋のおっちゃんが「おまえは筋がいい」といって板金の専門書をくれました。

ぼくはうれしくなって、ますます勉強しました。これも学校のテストに関係ありません。だから先生から「くだらない」といわれ続けました。でもぼくが今なんでも作れるのは、間違《まちが》いなく〝平面の部品から立体を作る方法〟を覚えたおかげなんです。

ぼくは当時ちょっと変わった子どもだったようです。みんながラジオ体操をしている中、ひとりだけ砂に絵を描《か》いたりしていたので、通信簿《つうしんぼ》には「集団行動ができない」「落ち着きがたりない」「忘れ物が多い」「服がいつも後ろ前」などと書かれていました。

そんなこまったぼくに、近所のものづくりのおっちゃんたちは、やさしく教えてくれました。

よく見てごらん。

この世にあるものは全部、誰かが作り方を覚えて、作ったものなんだよ。

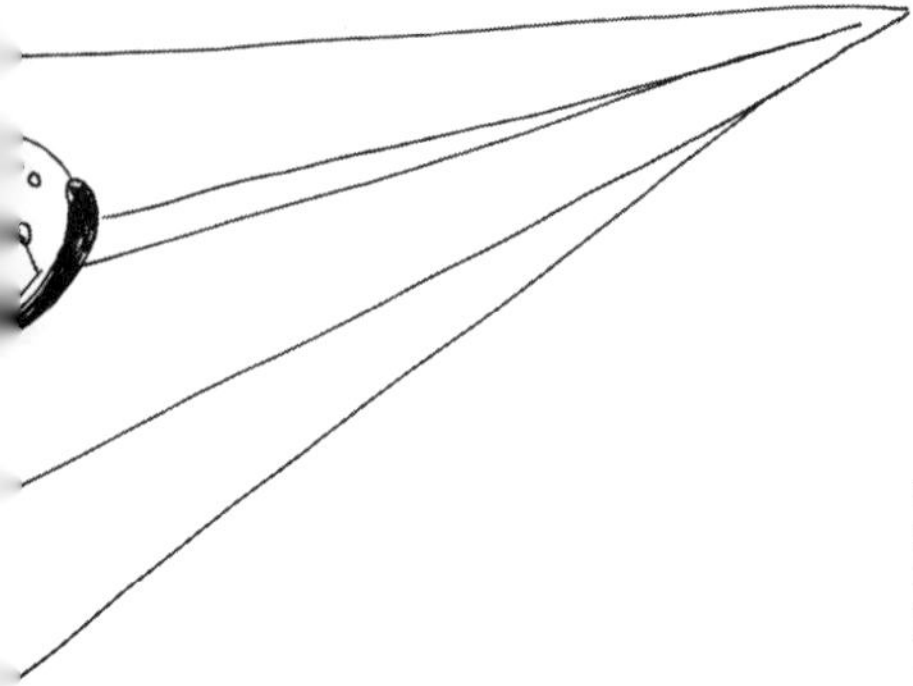

だから、作り方さえわかれば、誰でも、どんなものでも、作ることができるんだよ。
それがこの世にないものなら、作り方を考えて、自分で作ればいいんだよ。
そういっておっちゃんたちは、目の前で実際に作ってみせてくれました。
だからぼくはその言葉を、信じてしまったんです。

作り方さえわかれば、
作れないものはない。

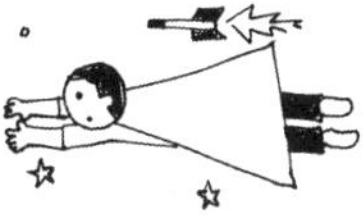

Imagination Lesson

Lesson2

思い込む。

Believe

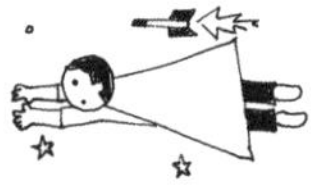

Imagination Lesson

06

プレッシャーを感じる役割を、すすんで引き受けてみる。

ぼくたちは自分たちで作ったロケットを、自分たちで打ち上げます。10カウントを数えて、ちゃんとロケットが打ち上がると、歓喜《かんき》の声があがります。拍手《はくしゅ》がわき起こります。泣いて抱《だ》き合う人もいます。ロケットが飛んでいくと、とってもうれしいです。泣くほどうれしいのです。

なぜ泣くほどうれしいのか？

それは泣くほど「いやだったから」です。

打ち上げなんかしたくないです。だって失敗するかもしれないからです。大勢の人が見守っている前で、自分のちょっとしたうっかりで失敗することもあるし、その失敗のせいで、他の人ががんばったところが全部パーになることもあるからです。

自分のせいで、他の人に迷惑《めいわく》がかかるというのは、おそろしいことです。だから打ち上げの前は、全員があまりの責任の重さにあおざめます。吐《は》きそうになります。

でも、カウントダウンは止まらないんです。

「飛んでくれ」という全員の祈《いの》りが通じて、無事にロケットが飛んで行ってくれると、まず最初にほっとします。次にうれしくなります。

最後には、仲間に感謝できるんです。

「自分のおかげでうまくいった」とは思えません。いやー、あの人が縫《ぬ》ってくれたパラシュート、破れないでちゃんと開いてよかったよねーなどといい合って、ありがとう、ありがとうと、みんなお互《たが》い、真剣《しんけん》に感謝し合えるのです。

こんな風に今でこそ仲間といろんな活動をしていますが、ぼくはずっとひとりぼっちが好きでした。

ずっと〝変わった子〟だと思われていたので、まわりから「ちゃんとしなさい」といわれ続けて育ったからです。

ちゃんとするということは、人に迷惑をかけないことだと思いました。迷惑をかけないためには、人を頼《たよ》らなければいいんだろうと思っていました。

だから、ぼくはなんでもひとりでやるようになりました。たいていのことは、自分でやった方が早いです。自分でやった方がうまくいく気もします。

073

思い込む。

だからなんでもひとりでやりました。

でも、ひとりでできることには限りがあります。

ロケットはひとりでは作れません。どうしても他人の力を借りることになります。すると責任が生まれます。面倒《めんどう》くさいです。

でも、ぼくはロケットにかかわって大事なことに気づきました。泣くほどのうれしさを得るために、最も大事なのは「責任を持つ」ということです。

本当の仲間たちは、「責任」の向こう側にしかいないからです。

仲間というものはそう簡単にはできません。メアドを交換《こうかん》すればいいわけじゃないし、ＳＮＳでフォロー返しをすればいいわけでもない。

仲間は「責任」の向こう側にしかいないから、責任はお互いに避《さ》けちゃだめなのです。

やるといったら、最後までやりきるしかない。まかせるといったら、最後までまかせるしかない。

そう思って、がしっと責任を受け止めてみたら、ひとりぼっちのぼくにも素敵な仲間が見つかりました。

責任の向こう側にしか、仲間はいない。

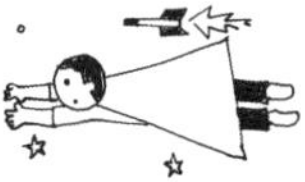

Imagination Lesson

07

他の人がやっていないことを、自分からためしてみる。

今でこそ人前で飛ばせるようになったぼくたちのロケットですが、はじめの頃《ころ》はさっぱりうまくいきませんでした。やっと作ったロケットエンジンも、ためしに動かしてみたら爆発《ばくはつ》ばかりしました。念のためにいっておきますけど、爆発させたかったのではありません。毎回工夫していましたが、毎回爆発してしまいました。

当然です。生まれてはじめてロケットエンジンを作ったからです。やったことがないことをやったから、失敗したんです。

しかも世界で誰《だれ》も作ったことがない、ちょっと変わった仕組みのロケットエンジンだったものだから、余計に失敗しました。設計図はもちろん、参考になりそうな本すらも、この世に存在しませんでした。

そのときに、ぼくはやっとわかったんです。

世界ではじめてのことは「誰も知らないから、誰も教えてくれない」ということを。

教科書に書いてあること、親や先輩《せんぱい》や学校の先生や会社の上司が教えてくれることは全部、「昔」のこと。「これから」と「未来」のことは誰も知らないから、誰も教えようがないのです。

そして残念ですが、ぼくもみなさんも「これから」と「未来」を生きることしかできません。

だから教わったことを丸暗記するだけでは、きっと足りません。教科書に書いてあることを丸暗記したら、テストで百点を取れるかもしれません。それもすばらしいことですが、覚えられる範囲《はんい》のことが世界のすべてのはずはありません。

世界には信じられないほどたくさんの本があります。このすべての本を、一生のうちに全部暗記するのは不可能です。ということは、知識量を競うこと自体がナンセンスなのかもしれません。本は暗記されるためにあるものではなく、本には本の役目があります。

たとえばぼくが本を読まずに、勇気を出してマリー・キュリー（一般に『キュリー夫人』としても知られる）と同じことをやったらおそらく死にます。野口英世《ひでよ》と同じことをやってもきっと死にます。でも死なないで済むのは、彼《かれ》らが命をかけて記録を残してくれたからです。

ぼくたちがロケットエンジンの試験をおこなって、誰も死ななかったのは、過去に命を落とした人が記録を残してくれていたからです。

本には、そんなすばらしい人間の努力と命が詰《つ》まっています。でもそれを「知ってる知ってる！」だけで満足したら、ただの雑学です。

人生はクイズ番組ではありません。知っていれば正解、ではないんです。知らないこと。不思議なこと。

それは、英語で「ワンダー」といいます。そしてワンダーがいっぱいな状態のことを、「ワンダフル」といいます。

世界には知らないことと、わからないことがいっぱい。

だからすばらしいんです。知らないことは、全然悪いことではありません。

ぼくたちがすべきことは、知識を詰め込《こ》むことではなく、昔の人たちの「努力の階段」を登っていくことです。

そして「人類の進化」というものは、誰でも意外と簡単にできてしまいます。

一人ひとりが〝自分で考えて、自分でためして〟みればいいのです。

つまり、本に書かれていないことを、やってみればいいだけです。たったそれだけのことで、みなさんは人類を進化させることができます。

でも残念だけど〝自分で考えて、自分でためしたこと〟というものは、なかなか他人に信じてもらえません。応援《おうえん》してもらえないし、ときにはバカにされたりもします。

でも気にしなくていいんです。そういうものなんです。

世界一のパティシエが、新しいお菓子《かし》を考えてためしに作ってみせると、いつもまわりから「変だ」「絶対、流行《はや》るわけない」という声が聞こえてくるそうです。でもまわりの声にめげずにがんばって作っていると、やがて大勢の人たちに「こんなの見たことも、食べたこともない！」という驚《おどろ》きとともに歓迎《かんげい》される。新しいお菓子はいつもそうやって誕生するというのです。

信じてもらえないのが当たり前。だから、自分を信じればいい。「人からこういわれそう」とか、「人にこう思われそう」などと悩《なや》まなくてもいい。

自分を信じるんです。自分を信じて、自分で考えて、自分でためしたら、必ずすばらしいことが起きます。

「自分で考えて、自分でためす」

これは世界に何十億という人がいたとしても、自分にしかできない経験だからです。

その自分ひとりの経験こそが、個性になります。個性は「流行」じゃないですね。有名人のモノマネでもないですね。個性は、自分の経験です。

そして個性があると、まわりから「必要だよ」といわれるようになります。想像してみてください。同じものがいっぱいあったら、どれを選んでいいかわかんないですね。お金を出すなら、単純に安いものを選びます。

でも他とちょっと違《ちが》うものは、高くても「必要だよ」といわれるんです。だからこそみなさんは、無理をして普通《ふつう》になろうなんて思わなくていいんです。

自分で考えて、自分でためすんです。そうしたら「必要だよ」といわれるようになります。

他と違うものを作ると、
みんなから「必要だよ」といわれる。

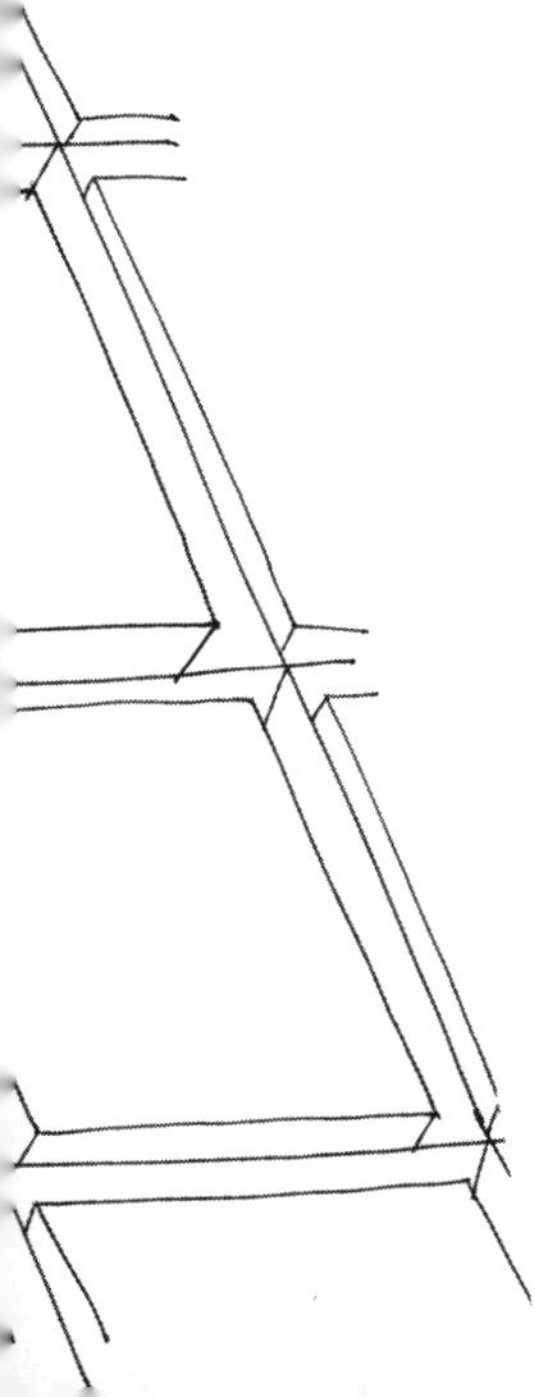

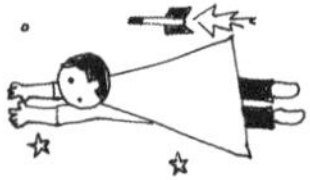

Imagination Lesson

08

うまくいかなかったとき、「だったらこうしたら？」を考える。

やったことがないことをためすと失敗します。

でも「失敗しそうだから」は、やめる理由にはなりません。「失敗したらどうするの？」という言葉には負けてはいけないし、こんな言葉を使ってもいけません。

これはなんの意味もない、くだらない言葉だからです。

こんな言葉は無視です。

大事なのは「失敗したらどうするか、いっぱい考えてみる」ということです。

頭の中でいっぱい失敗してみればいいんです。そうすれば準備ができます。

たとえば旅行にいく前に「雨が降るかもしれないから、旅行は中止しよう」というのはおかしいですよね。雨が降る可能性があるなら、雨具を用意できます。屋根がある場所もあります。そもそもスケジュール自体を変えられるかもしれません。

人生も一緒《いっしょ》なんです。「これからどうなるんだろう？」と悩《なや》んでいても、なんにもなりません。「まあ、なんとかなるでしょう」と、自分に都合のいい未来だけを見てはいけません。

いやな、ネガティブな未来を見つめるんです。そうしたら、どういうことが起こりそうかを考えられます。どういうことが起こりそうかわかったら、どうすればいいかの準備ができます。準備ができれば、心配はありません。ただ残念なことに、どれだけ準備をしても失敗するんです。

そのとき「失敗」そのものに罰《ばつ》を与《あた》えてはいけません。なぜなら、罰はいやですね。罰がいやで失敗を避《さ》けるようになったら……なにもできなくなります。もしくは、失敗を隠《かく》すようになってしまうこともあります。

その結果、いろんな場所で、恐《おそ》ろしい事故が起きているじゃないですか。その大半は、失敗に対して罰を与えるから起きるともいわれています。

失敗を自分のせいにしてはいけません。自分をいくら責めてもなんにもならないし、もちろん誰《だれ》かを責めても、運の悪さを呪《のろ》ってもなんにもなりません。

もちろん、失敗すればまわりから「なにやってんの!」「誰のせい!」「どうすんの!」という声が聞こえてくることもあります。ぼくもさんざんいわれました。これも意味がない言葉だから無視していいです。

大事なのは「なんで失敗したんだろう」「だったら次はこうしてみよう」という言葉をかけ合うことです。

たったそれだけのことで、失敗は階段の一段となり、ぼくたちを未来に運んでいってくれます。

ロケットエンジンが爆発《ばくはつ》したある日、その破片を見つめている子がいました。

そのロケットエンジンを組み立てた子でした。きっと（自分のせいだ）と自分を責めていたのです。

そこへぼくがあらわれて「おまえなにやってんだよ！　これ誰のせいよ！どうすんのよ！」と怒鳴《どな》ったら、どうなったでしょう。きっと、その子をつぶしておしまいだと思いました。

だからぼくはそのときふと、「なんでだろうね？」「だったら次はこうしてみたら？」と声をかけました。

するとうちの工場の人たちみんなが、誰かが失敗するたびに「なんでだろうね？」「だったら次はこうしてみたら？」と声をかけ合うようになりました。

この二言の力はすごいです。みんな放っておいても、自分でなんでもできるようになりました。

失敗は無駄《むだ》ではありません。〝せっかくしてしまった〟貴重なこと。次をより良くするために必要なデータです。

だから自分が失敗したときも、誰かが失敗したときも、人を責めずに考えてみてください。

「なんで、失敗したんだろう？」「だったら、次はどうすればいいんだろう？」と。

失敗は必要なのです。だから「失敗は許されない」なんていわないでください。

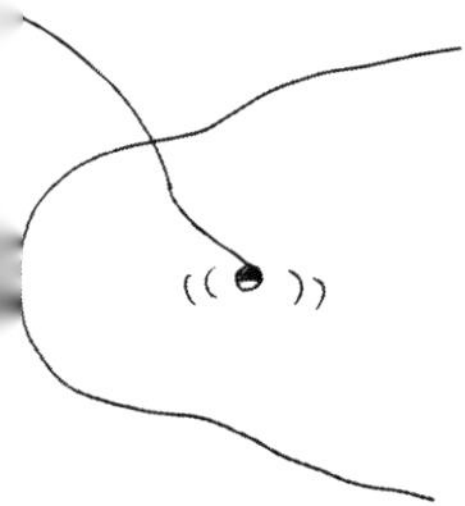

思い込む。

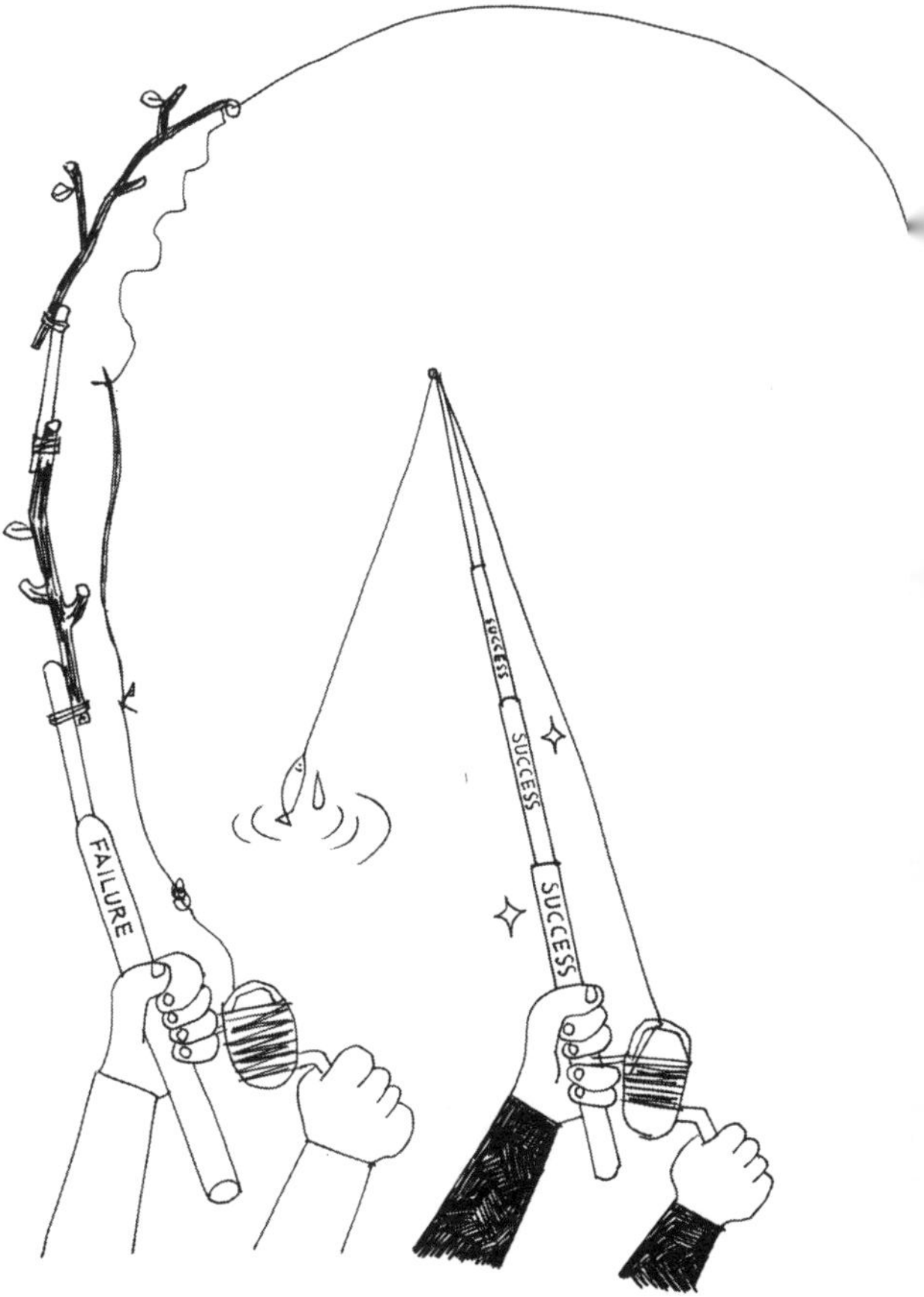

かっこいい言葉だから、つい口にしたくなる気持ちもわかりますが、この言葉にとらわれるとなにもできなくなります。

それよりも「より成功率を上げよう」と考えてください。そうすれば、これからできることが山ほど増えていきます。

失敗を受け入れないと、新しいものは生まれない。

Imagination Lesson

09

「これまで」を見ないで、「これから」のことを決める。

ぼくが中学生になったとき、うれしいことがありました。スペースシャトルが飛んだのです。びっくりしました。本当にうれしかったです。いつか自分も乗れると思いました。そうしたらタイミング良く……アニメ『機動戦士ガンダム』もはじまってしまいました。いや、もうびっくりしました。自分は将来スペースコロニーで働くんだと、そのとき真剣《しんけん》に考えました。

さらにもっとうれしいことがありました。憧《あこが》れのスペースシャトルに、日本人が乗っちゃったのです。しかも日本人最初の宇宙飛行士・毛利衛《まもる》さんは東京の人ではなく、北海道のけっこう田舎《いなか》の人だと知りました。ぼくも北海道のけっこう田舎の人という点では負けてはいません。ということは、ぼくにも宇宙飛行士になれる可能性が十分あるかもしれないと思って、いっぱい本を買って、もっと宇宙のことを勉強しようとしました。

「植松は将来どうしたいんだ?」そんな矢先に、進路相談がありました。だからぼくは正直に「飛行機とかロケットの仕事がしたいです」と答えました。

すると先生がいいました。「飛行機とかロケット? じゃあ、東大に行かなきゃ無理だわ。でもおまえの成績では、どうせ無理だから」そして「ちゃんと現実を見なさい」といわれてしまいました。

ぼくの目の前は真っ暗になりました。そしていわれたとおり〝現実〟について考えてみました。

そのときはよくわかりませんでしたが、大人になった今でははっきりとよくわかります。

現実というものは「これまでの人生」なんです。つまり、それは変えられない〝過去〟です。

ぼくはそれまで飛行機とロケットの勉強をしていました。でも学校の勉強はほったらかしていました。そのせいでぼくは「将来、飛行機やロケットの仕事はできない」といわれたのです。

この、変えることができない〝過去〟を見て、〝未来〟をあきらめろといわれてしまうと、(努力しても無駄《むだ》だ)という気持ちになります。

人は(努力しても無駄だ)と思ってしまったらどうなるかというと、がんばる気力を失って、「今できること」しかやらなくなるし、考えたくなくなります。

そして、そんな自分をなぐさめるために、守るために、とっても悲しい〝やらない言い訳〟をするようになります。

それは「自分には、どうせ無理だから」です。これは（努力しても無駄だ）と思わされた人がしてしまう、とっても悲しい〝やらない言い訳〟です。

でもこの「自分には、どうせ無理だから」という言葉が日本中に広がってしまったから、がんばれない人、できることしかしない人、考えない人が、今もどんどん増え続けています。

スタート地点は1945年の8月でした。

日本は戦争でとんでもない被害《ひがい》を受けました。復興のためにたくさんのものがいっぺんに必要になりました。

戦争でなにもかも焼けてしまった日本では、誰《だれ》かが発明した1のものを、10にしたり100にする、そういう「大量生産」をすることが、みんなにとってとても大事なこととなりました。よく考えてみたらトランジスタラジオや洗濯機《せんたくき》、テレビ、冷蔵庫だけではなく、電気自動車も、家庭用のゲーム機も、そして原子力発電所も、日本人の発明ではないですね。日本人はひたすらコピーしてきたのです。

やがてうまくコピーをしてきたこれらの会社は、たくさんの人を雇《やと》ってくれるようになりました。だから多くの人がこれらの会社のことを、「一流企《き》業《ぎょう》」や「大企業」と呼ぶようになります。

そして「自分の子どもをここへ入れたい」と思うようになります。なぜならば安定して、楽をして、お金をもらえることを期待するからです。

その結果、応募《おうぼ》が殺到《さっとう》した大企業は、だんだん面接が面倒《めんどう》くさくなってきて、学歴によって一次試験をするようになりました。

とたんに大学は学問を探求する場所ではなくなり、「いい会社に入るための資格」をもらえる場所になってしまったのです。

すると高校は大学に入るための資格を、中学は高校に入るための資格をもらえる場所になり、楽と安定を保証してもらおうとみんなが求めた結果、気がついたら学問は「資格商法」になり、べらぼうなお金を要求するようになり、しかも支払《しはら》える金額によって格差が生まれるようになりました。

それはきっと、楽しいことではないだろうと
ぼくは思っています。

今の自分を見て、
未来の自分を決めない。

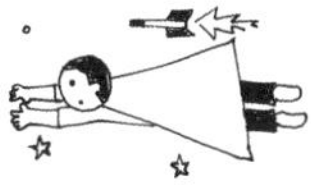

Imagination Lesson

10

いたずら心を出して、
余計なことをやってみる。

もちろん現在でも大量生産は必要なことです。でもちょっと注意が必要です。なにも考えずに、ただ生産していてはだめです。ずっと他の人と同じことしかしていなければ、〝安い×たくさん〟の勝負しかできなくなります。大事なのは知恵《ちえ》と工夫です。知恵と工夫で「より良く」を求めたら〝高い×少し〟という勝負ができます。これがブランドというものです。

「なにと戦うのか？」が大事なのです。「そこまでする必要はない。余計なことはしなくていい」この言葉に負けた瞬間《しゅんかん》から〝安い×たくさん〟の戦いがはじまります。

安いものを作ると、たくさん売らなければいけません。

物はいずれ、みんなに行き渡《わた》ります。

もう物が行き渡っているというのに、もっと売るためにはどうしたらいいでしょうか。

とっても簡単ですね。はじめから壊《こわ》れやすく作ればいいのです。そうやって消費を強制すればいい。

科学が発達していくごとに、なぜ物の寿命《じゅみょう》が短くなるのかが不思議です。

家電製品が狙《ねら》いすましたように、なん年目かで壊れてしまうのはなぜでしょう。世界中の人がまだアナログテレビを普通《ふつう》に使っていた頃《ころ》に、なぜ日本は真っ先にすべてデジタル化してしまったのでしょう。

同じ自動車なのに、日本向けのものと海外向けのものとでは、なぜ寿命が違《ちが》うのでしょう。なぜ「消費期限」だけではなく、「賞味期限」という表示があるのでしょう。おかしいと思いませんか？

残念なことですが、〝安い×たくさん〟の企業《きぎょう》は、わざと壊れるものを作ることによって、仕事を無理やり作り出すことしかできないのかもしれません。

国家の力というものは、国民の力の総和です。国民の力の蓄積《ちくせき》なんです。だからそこで暮らした人たちが流した血と汗《あせ》と涙《なみだ》を、どうやって貯めるのかが国家の課題です。

そのお手本を、すごくわかりやすく見せてくれているのがピラミッドです。ピラミッドは今から4500年前の人たちの努力の結晶《けっしょう》ですが、いまだにエジプトにたくさんのお金をもたらしています。すごい経済効果ですよね。

ところが日本では愛する家族のために、やっとこマイホームを建ててみたけれど、ローンがどんどん苦しくなっていくものだから、子どもと遊ぶ時間がないほど働かなければいけなくなって、気がついたら子どもが高校を卒業して家からいなくなって、大きな家に夫婦ふたりだけ残されて、やっとこローンを払《はら》い終わったと思ったら、もう家を建て直さなければならない、なんていうことがたくさんあります。

日本の家の寿命はとてつもなく短いです。そうしなければ次の家が売れないからです。

次の物を売るために、わざと寿命を短くする。

そういう悪い慣習を、日本人はみんなして「食っていくためには、しょうがないよね」と認め合ってしまいました。そしてみんなが無理やり物を売りつけるようになったから、人件費はどんどん高くなりました。

なぜなら家のローンとか子どもの学費とか、車の買い替《か》え、老後の備えのことなどを考えはじめたら、お給料がいくらあっても足りないからです。

その結果、人件費が高くなり、日本人が働けなくなりました。これが日本人が生み出した、バカみたいな悪循環《あくじゅんかん》です。今、信じられないスピードで、日本中にかわりにロボットが大活躍《だいかつやく》です。どんどん人が働く場所がなくなっています。無人工場が増えています。どんどん人が働く場所がなくなっています。

ロボットは今日もがんばっていて、アメリカでは宇宙飛行士ですらも「これからはロボットがかわりをつとめられるだろう」と発表してしまいました。買い物もどんどん自動化されています。あと数年すれば、車の運転すらも自動になってしまう可能性が出てきました。

そうなれば運転手という仕事がなくなるばかりか、マイカーを持つ必要もなくなります。スマホで呼ぶだけで車が迎《むか》えにきてしまうからです。他にも車を売る仕事とか、車を修理する仕事はこれからいったいどうなっていくのでしょう。

世の中はとっても便利になっていますが、その分、人が働く場所は確実になくなっています。

この道をこのままつすぐ進んでいくと、間違いなく人間の手を必要としない、資源と時間を浪費《ろうひ》するだけの恐《おそ》ろしい社会が完成してしまいます。

この現象を食い止めるためにはどうしたらいいんでしょう。

簡単です。ロボットに負けなければいいんです。

ロボットに負けないためには、なにが必要でしょうか。

それは「考えること」です。これからは「考える人」が増えればいい。

もうそのことに気づいている国があります。たとえばノキア、ボルボを生み出したフィンランド、スウェーデン、またインテルや、グーグル、マイクロソフトが重要な開発拠点《きょてん》を置いているイスラエルは、いずれも人口数百万から1000万人程度の小さな国ですが、大きな生産工場がほとんどありません。

彼《かれ》らは発明をして、研究をして、そして「より良く」を求めます。

だから世界から「必要だよ」といわれます。自動車用の安全装置のほとんどは、ボルボが特許を取得していることを知っている人も多いでしょう。

またこれらの3つの国に共通していることは、「教育費がほとんどタダ」ということです。しかも、小学生から授業で〝会社の起こし方〟や〝発明の仕方〟を教わります。会社は誰《だれ》にでも作れますが、日本のほとんどの学校では〝雇《やと》われ方〟どころか、〝受験の仕方〟しか教えてくれません。

また日本のメーカーはコピー商品ばかり作っていますが、アップルやダイソンという会社は「わけのわからんこと」をやります。でもだから、彼らは一番なんです。なにか違うと思いませんか。

世界がこの事実に気がつきました。だから世界は今、考える人を探しています。

では「考える人」とはどんな人でしょうか。

よっぽど偏差値《へんさち》が高い大学を出ているというのでしょうか。

全然関係ないですね。実は今、世界が真剣《しんけん》に探しもとめているのは〝やったことがないことを、やりたがる人〟です。あきらめずに、工夫をする人。これだけでオッケーです。ぼくもそういう人と一緒《いっしょ》に仕事がしたいです。

そういう人はいったいどこにいるんでしょうか。

それは、みなさんですね。

誰だって、必ず「子どもの頃《ころ》」を経験するからです。子どもの頃は、とにかく「やったことがないこと」をやりたがった。ボタンあったら押《お》してみたい。ハンドルあったら回してみたい。ドアあったらあけてみたい。そして「余計なことすんな」と怒《おこ》られていたはずなんです。

誰もが同じです。生まれたときからあきらめ方を知っている人間なんて、この世にひとりもいません。

みなさんはせっかく「あきらめ方を知らない」で生まれてきたんです。可能性にあふれて、輝《かがや》いて生まれてきたんです。いたずら心を思い出して、余計なことをしてみてください。

わけのわからないものだけが、一番になれる。

105

思い込む。

Imagination Lesson

Lesson3

思いやる。

Considerate

Imagination Lesson

11

素直さや真面目さより、「自分の考え」を優先する。

すばらしい可能性を持ったみなさんですが、いつか、誰《だれ》かから〝あきらめ方〟を教わってしまいます。

その人はなんのために〝あきらめ方〟を教えるのでしょうか。

それは「おとなしくて」「聞き分けが良くて」「都合のいい」人間を作るためです。

とても恐《おそ》ろしいことに、みなさんをショッカーの戦闘員《せんとういん》に仕立てようとしている人たちがこの世にはたくさんいます。

それは1980年代、まだロボットが今のように発達していなかった頃《ころ》、大きな企業《きぎょう》がロボットのような人間を必要としたからです。

そのときに日本の受験はすっかりおかしくなり、「考える力」ではなく「素直さと真面目《まじめ》さ」を測るものになりました。

ところが今では、受験に合格できた「素直で真面目」な人たちはロボットに軽く負けてしまうので、昔ほど求められていないということです。

ちなみに日本で最も過疎化《かそか》が激しいのは秋田県です。秋田県といえば全国学力テストで長年にわたって上位の県です。すごい県です。ところが20代から30代の転出率が異常に高く、どんどん人が減っています。学力向上に力を注げば注ぐほど、過疎化はどんどん進んでいくのです。

それなのに、なぜ学力向上をめざすのでしょう。多くの人が「進学すれば、進路の選択肢《せんたくし》が広がる」といいます。それは本当でしょうか。

あるときぼくの工場に、とある進学校の子たちが遊びにやってきました。彼《かれ》らは偏差値《へんさち》が78くらいあって、東大でも京大でも一発で受かるレベルだと聞きました。

ところが彼らは悩《なや》んでいました。「どこを受験していいかわからない」というのです。

今まで人からいわれたことを、いわれたとおりに素直にがんばってきたから、成績は抜群《ばつぐん》によかった。だから進路はどこでも選べるのだけど、「自分で選ぶこと」ができないのだそうです。

だから偏差値だけで学校を選び、知名度だけで会社を選びます。その結果、心を病んでしまう。そういう子が続出しているというのです。

ぼくが彼らから学んだことは「他人に評価をまかせてはいけない」という

ことでした。

成績とか偏差値じゃない。他人がつける点数で、納得してはいけない。社会で生きていく上で大切なことはたった一つ、「一緒《いっしょ》に仕事をしたい」と思われるような人物になれるかどうか、ということです。

想像してみてください。もしも将来子どもができて、その子どもが大人になって、自分の職場にくることになったらどうでしょうか。いくら成績がよかったとしても、「一緒に仕事をするのは無理」だと思うならまずい状態でしょう。成績が悪くてもいい。親が「一緒に仕事をしてみたい」と思えるような子なら、その子はきっとみんなから「必要だよ」といわれるはずです。

そのためにも、いつか子どもと一緒に仕事をしてみたらいいと思います。どんなことでもいいです。なにかを手伝ってもらったり、頼《たよ》ってみればいいと思います。

そうしたらきっと、勉強よりももっと素敵なことを伝えられるはずです。

他人にどう評価されても、自分たちの評価を信じよう。

Imagination Lesson

12

「気が合う人」よりも、「経験がある人」に相談する。

みなさんは〝我慢《がまん》〟の本当の意味がわかりますか。

「あきらめること」「口答えをしないこと」「のぞまないこと」どれも完全な間違《まちが》いです。そう思っている人はショッカーですからね。

あきらめたり、意見を引っ込《こ》めたりして、良くなる未来なんかないからです。

それだけではありません。他人の顔色をうかがいながら、波風を立てないよう「自分の居場所」にとどまれば、いつかこの世に自分の生きる場所がなくなります。

そしてそういう人は増えています。

それはこの言葉が増えているからです。

「我慢しなさい」

たとえば、親としての立場を想像してみてください。

子どもになにかをねだられたときに、「我慢しなさい」と伝えるのはとても簡単です。

でもただそればかりを伝えると、子どもに「我慢＝あきらめること」だと認識させてしまいます。

人に本当の我慢を教えるためには、「だったらこうしてみたら?」という代替案《だいたいあん》が必要です。「これはちょっと難しいかもしれないから、こっちの簡単なやつからやってみようか」「これなら中古屋にあるかもしれないから、一緒《いっしょ》に探しに行ってみようか」「これなら家にある材料で作れるかもしれないから、うちに帰って一緒に作ってみようか」といった具合です。

「我慢しなさい」という言葉を使いそうになったときは、ちょっとだけ間を置いて、「だったら……」という言葉をつないでみれば、きっとその人はショッカーにならず、自分の欲求を前に進ませられると思います。

つまり、本当の我慢とは「違う方法を、考えること」なのです。

そもそもいったいどんな人が〝あきらめ方〟を教えようとするのか。

そんな悪いことをする人は誰《だれ》かといえば、ごく平凡《へいぼん》な「やったことがない人」です。この人に悪気はありません。

ただ自分がやりたいことを「やったことがない人」に相談をすると、〝できない理由〟を教えられます。これは相談する相手を間違えてるだけです。

「やったことがない人」の意見は参考にしなくていい。親ですらもです。誰もが「自分が経験したこと」しかわかりません。もしかしたら親ですら良かれと思って、あなたに余計なウソをついているかもしれません。

やりたいことがあったら、それを「やったことがある人」に相談しましょう。たとえば「ロケットを作りたいんだけど」と普通《ふつう》の人に相談すれば、「いや、ロケットは無理だよ」といわれるはずです。

でももしもぼくに相談してくれたら、ぼくは「ん？　どんなの作る？」というんです。

ただそれだけのことなんです。

こんな風に、やりたいことは「やったことがある人」と仲良くなれば、あっさり実現に近づくことができます。やりたいことがあれば、「やったことがある人」を探すのが一番の近道です。

だから自分の夢はどんどん拡散すればいい。出会う人出会う人にどんどんしゃべればいい。いつでもそのチャンスがあります。

でもいやですね。夢、しゃべりたくないですね。だってバカにされるかもしれない。笑われるかもしれない。否定されるかもしれない。ときには、からかわれていじめられるかもしれない。あんないやな思いは二度としたくないから、自分の夢は「誰にもいえない」という人もいるかもしれない。けれど、それでも、話を聞いた人の中から、「あれ、それうちの親戚《しんせき》のおじさんがやってるわ」という人があらわれるかもしれないのです。

そんな人と出会うチャンスを失うのはもったいないです。

だから、なんぼバカにされようが、否定されようが、支えてくれる人に出会うまで、夢をしゃべり続けてください。仲間を探してください。それが夢を叶《かな》える一番の近道です。

もしみなさんがいつか子どもの夢を聞いたときも、余計な評論をしなくていいですからね。どの学校に行けばいいか、考えなくていいですからね。お願いです。まずは全力で自分の人脈の限りを尽《つ》くして、それを「やったことがある人」を見つけて仲良くなってください。そして子どもに会わせてあげてください。

夢の実現に
いたる道は、
一本じゃない。

Imagination Lesson

13

何冊も伝記を読んで、ヒーローたちを真似る。

ぼくの生まれた町には「飛行機を作ったことがある人」がいませんでした。でも出会えるんです。そのために本があるんです。本のすごいところは、この世にいない人と出会えるというところです。

ぼくは本の中でライト兄弟と出会いました。そしてライト兄弟は一流大学に行っていないことを知りました。

よく調べてみたら、飛行機は東大に行かなくたって作れるんです。東大生が使っている教科書は本屋でも図書館でも、なんぼでも手に入るからです。それを東大生以外の人が読んじゃだめだという決まりもありません。

進学できないから無理、習っていないから無理、ではなかったんです。まずは本を読んで、自分で勉強してみればいいんです。

人生はフライングした人が先に進めます。たとえばある日突然《とつぜん》（パティシエになりたいな）と思ったら、パティシエの学校に行くまでじっとしている必要なんてありません。今から家でお菓子《かし》を作ればいいだけの話です。（美容師さんになりたいな）と思ったら、近所の美容師さんと仲良くなればいい。家族を巻き込《こ》んで、髪《かみ》を切らせてもらってもいいかもしれません。

とにかくフライングです。そしてフライングするために、一番手っ取り早いのが「本を読むこと」です。難しい本じゃなくてもいいです。どんな本でもいいから、できるだけたくさん読んでほしいと思います。年齢《ねんれい》は関係ありません。マンガでも全然オッケーです。マンガにもいっぱいいいことが書いてあります。どんどん読むべきです。読まないよりも読んだ方が絶対いいです。伝記もかたっぱしから読んでほしいです。

伝記を読むときは、彼《かれ》らのセリフや行動を覚えておきましょう。そしてふだんから真似をして、体に染み込ませておいてください。

なぜなら、人はピンチになると脳みそが止まるようにできているからです。夜、不安で眠《ねむ》れないとき、頭の中では「こまったなあ」と「どうしよう」がぐるんぐるんし続けます。これはなんにも考えていないのと同じ状態です。だから眠れない夜が続けば、ほったらかしている問題が、どんどん悪くなっていきます。やがて〝ぐるんぐるん〟は真っ黒に煮詰《につ》まって、ついには生きていることが面倒《めんどう》くさくなっていきます。

そうなったらまずいんです。

そのぐるんぐるんから自分の力で抜《ぬ》け出すのは難しい。だから、抜け出せた人の真似をすればいいんです。

愛する人を交通事故で失って悲しいときは、マリ・キュリーが助けてくれるかもしれません。自分の子どもが変わっている子どもで、なにをやっても誰《だれ》にも理解してもらえなくてさびしそうで心配なときは、エジソンが助けてくれるかもしれません。自分はこの世で一番不幸かもしれないと思ったら、ヘレン・ケラーが助けてくれるかもしれません。

伝記の人はいろんな困難を乗り越《こ》えた人たちです。その人たちが生き延び方を教えてくれます。

だから、偉人《いじん》の生き方をいっぱいコピーして、なりきってみてください。

ぼくは今までに、何度か生きていることが面倒になっちゃったことがあります。

でも、生き延びることができました。

それはある本の主人公たちの、生きざまをコピーしていたからです。

その人たちが、ぼくに生きる力をくれたのです。今でもその人たちにすごい感謝をしています。

『北斗《ほくと》の拳《けん》』の人たちです。『北斗の拳』というマンガには、あきらめない人がいっぱい出てくるわけです。すごい影響《えいきょう》を受けちゃいました。今でもときどきケンシロウになりきって、困難を乗り越えています。

他にもいろんなアニメや映画から影響を受けています。たとえば『ベン・ハー』とはすさまじく古い映画なのですが、あきらめない人の集大成みたいなお話です。『坂の上の雲』というドラマも、凹《へこ》んだときにみたら一発で気持ちが回復します。『スリーハンドレッド』という映画はわずか300人のスパルタの兵士が、数万のペルシャの軍隊と戦う歴史映画です。なにがいいって、最後のセリフがかっこいいんです。「敵はたったの3倍だ!」かっこいいと思いませんか。こんな言葉で励《はげ》まされたら、どんな強敵がきてもへっちゃらな気がします。

ドラマでも映画でも小説でも、なんでもいい。大事なことは、ヒーローたちから「あきらめない生き方」をコピーして、なりきるということです。

それが最後の最後の瞬間《しゅんかん》、ぼくたちをひとりぼっちの絶望のふちから救ってくれます。

困難の乗り越え方は、
心のヒーローたちが教えてくれる。

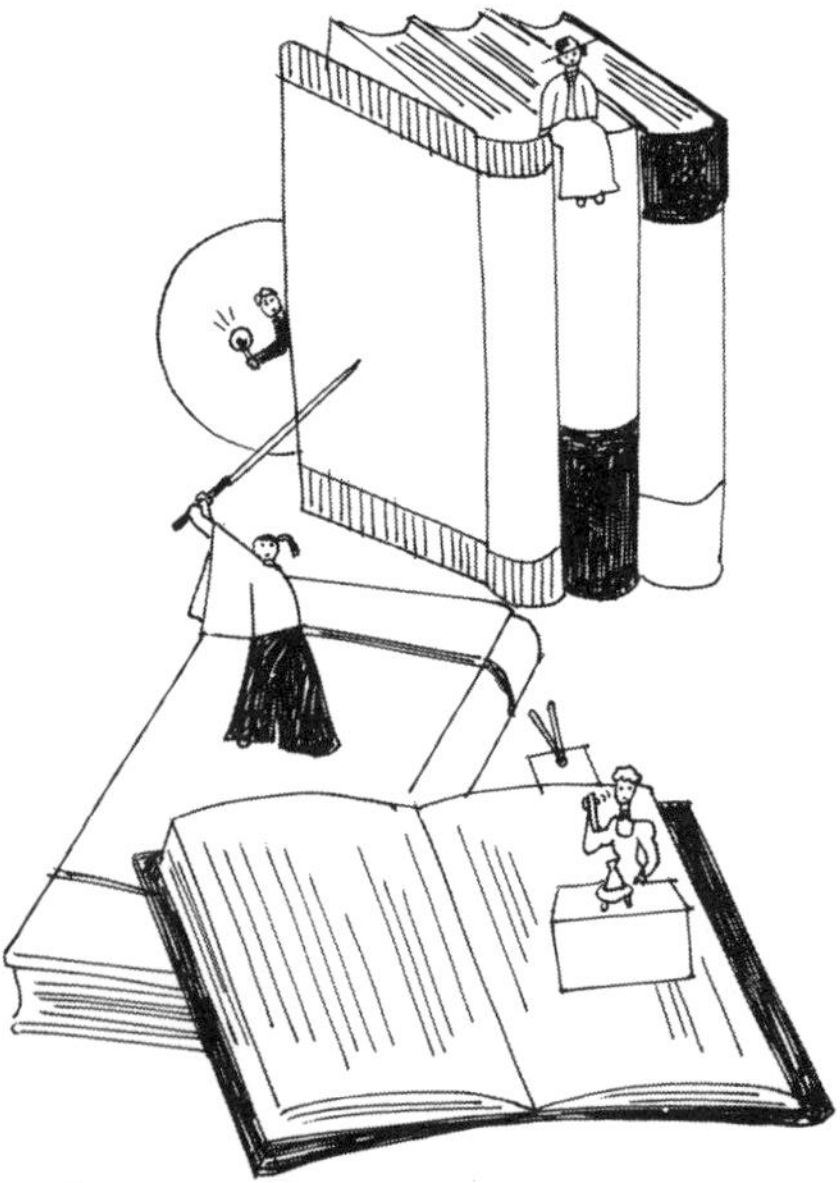

Imagination Lesson

14

「自分と違うタイプの人」に、
自分から心を開いてみる。

アニメ『ワンピース』の主人公・ルフィの仲間は全員、服装もヘアスタイルもバラバラです。それどころかひとりは、ツノが生えています。あきらかに種族が違《ちが》います。それでも仲間なんです。

本当の仲間というものは、そういうものなのかもしれません。お互《たが》いに違うから、自分が知らないことを知っています。自分が経験したことがないことを、経験しています。自分にはない人脈があります。だから力を合わせることができる。

そうしたらひとりでがんばるよりも、もっと素敵なことができます。

仲間って、全然違うから面白《おもしろ》いんです。学びになるんです。

おんなじ格好をしなくちゃ。おんなじことをしゃべらなくちゃ。おんなじところで笑わなくちゃ。おんなじ人を嫌《きら》いにならなくちゃ。おんなじものを大切にしなくちゃ。

そんな風に「あいつだけ違う」と思われることがこわくて、人の顔色をうかがって演技を続けていても、絶対にいいことはないです。

自分と違う人のことを、「面白いな」「素敵だな」と思ってあげてください。

そして自分が経験していないことを経験している人の話に、耳を傾《かたむ》けてください。

そうしたらきっと、素敵な仲間を見つけることができます。

「違う」ということを楽しんでください。「違う」というのはすばらしいことなんです。

ときどきマンガやアニメを「くだらない」「子どもだましだ」という人がいます。なにをいっているんでしょうか。全然くだらなくないですね。

今、日本はロボットに関して世界で一番の技術があります。このロボットを作る過程で衝突《しょうとつ》を避《さ》ける車とか、雪道でスピンしにくい車が生まれました。ではなぜこのロボットが日本で発達したのかといえば、「鉄腕《てつわん》アトムを作りたかった人」たちががんばったからです。

マンガに憧《あこが》れた人たちががんばっちゃったから、人の命を守る車ができちゃったということです。すばらしいことだと思いませんか。

この間、ひとりの男子中学生と出会いました。

その子は小学生の頃《ころ》からガンダムのプラモデルが大好きだったそうで、ガンダムについて調べているうちに、やがていろんな企業《きぎょう》が研究している本物のロボットのことにも興味を持つようになりました。

そして調べたことについて、一冊のノートにまとめました。

そのノートを自由研究の課題として提出したら、先生は中身をパラパラッと見ただけで、生徒全員の前で「おまえも中学生なんだから、いいかげんガンダム卒業しろや」といったそうなのです。

以来、その子は「ガンダムオタク」というあだ名をつけられて、同級生からいじめられるようになり、学校に行けなくなりました。

でもその子が調べていたのは、本物のロボットなんですよ。その研究が、なぜバカにされなければいけないんでしょうか。

本物のロボットだけの話ではありません。プラモデル作りだって立派な仕事です。

みなさんの中にも、もしかしたらガンダムのプラモデルが好きな人がいるかもしれません。そしてガンプラ(ガンダムのプラモデル)をいつまでも作っていて、バカにされている人もいるかもしれません。

ガンプラは静岡県《しずおかけん》にすばらしい工場があって、たくさんの人が働いています。ぼくはあるときその工場を訪れてびっくりしました。そこで働いている人の作業服は、ガンダムに出てくる地球連邦軍《れんぽうぐん》の制服だったのです。いい歳《とし》した大人が、立派な社会人が、いってみれば〝コスプレ〟をして働いているんです。

それだけじゃありません。ガンプラのおかげでロボットに興味を持った人たちは、次々と本気でさまざまなロボットを作り出して、日本のために役立っているのです。

すごいことですよね。

今までになかった価値観が、未来に奇跡《きせき》を起こしているのです。だから「違う」と思ってもバカにしたりせず、なんでも面白がってみてください。

「違う」人たちと手を組めば、どんどん強くなれる。

Imagination Lesson

15

定期的に「いまからやりたいこと」を考える。

大事なのは憧《あこが》れです。憧れは未来をより良くするパワーです。

ぼくたちは憧れ続けるべきです。届かないものに手を伸《の》ばし続けるべきです。憧れさえあれば、ぼくたちは一生成長できるし、まだまだこれから先なんぼでも光り輝《かがや》くことができます。

もしも人が憧れをなくしてしまったら、どうなるでしょうか。つまり「今の自分にできること」しかやらなくなってしまったら、どうなるでしょうか。その瞬間《しゅんかん》、人の心の成長はピタッと止まり、あとは身体だけが、どんどん歳《とし》を取っていきます。そしてある日気がついたら「見た目は大人、頭脳は子ども」という、名探偵《めいたんてい》コナンくんの逆の人が完成してしまいます。解ける謎《なぞ》なんて一つもないです。毎日、迷宮入りです。でもそういう人はいっぱいいるんですよ。

ぼくたちは憧れをやめちゃいけないんです。届かないものに手を伸ばすんです。ジャンプし続けるんです。

そうしたら5年後の自分は、今の自分からは想像もつかないくらい素敵な人になります。本当になります。だから憧れをやめないでください。

ぼくは飛行機に憧れました。

中でも日本人が作ったゼロ戦という飛行機に憧れて、いっぱい飛行機のことを勉強しました。ところが高校生のときに、まわりの人からいわれました。「こんな田舎《いなか》に生まれた時点で、飛行機の仕事なんてできるはずないでしょ」〝もうだめ〟だというのです。人は生まれる場所を選べません。ぼくはただ悲しかった。

よくこの「もうだめ」という言葉を使う人がいます。たとえば「おれは大学に行っていないから、もうだめだ」とか「不景気だからもうだめだ」とか「少子化だからもうだめだ」とか。

そういう言葉はもっともらしく聞こえます。でも、他人の「もうだめだ」にのっかってはいけません。一緒《いっしょ》に地獄《じごく》に落ちてしまいます。全然「もうだめ」じゃないです。「まだできること」を考えればいいだけだからです。

学歴や職歴、自分の過去のことなどで悩《なや》んでいる人もいるかもしれませんが、重要なのは「今までどうだったか」じゃない。「これからなにを学ぶか」です。今こうしている間にもなんぼでも学ぶことができます。

START

大学というところは、行けばなんとかなるところではありません。

昔、人口がどんどん増えている頃《ころ》は、大学にさえ行けばよかったのかもしれませんが、今は違《ちが》います。

進学は手段の一つにすぎません。「知りたいこと」と「やってみたいこと」を学ぶための手段です。だから今のうちに、なるべくいっぱい「知りたいこと」と「やってみたいこと」をためておいた方がいいです。そうすれば進路はすごく決めやすくなります。

若いうちだけではありません。忘れないでほしいことは「知りたくなったら、いつでも、いくらでも学べる」ということです。

ちなみに日本の大学進学率は、欧米《おうべい》のよりはるかに高いですからね。わかりますか。日本人は高校を卒業したら、「なんだかわからないけど、とりあえず大学に行かなきゃ」と思い込《こ》まされているのです。

全然そんなことはないですからね。だって社会人になれば、大学なんてなんぼでも行けるじゃないですか。しかもそのときの受験は簡単じゃないですか。おまけに学費もすごく安いじゃないですか。

なぜそういう手段をとらないんだろうって、ぼくは思ってしまいます。

「あせらなくても、知りたくなったらいつでも学べるんだよ」そのことを下の世代にも教えてあげてほしいなと思います。

興味のあることは、たった今からでもきわめられる。

Imagination Lesson

Lesson4

思い切る。

Decide

16

「楽そうな方」ではなく「楽しそうな方」を選ぶ。

ぼくは中学高校と、赤点の帝王《ていおう》でした。でも大学で勉強するべきことは、小学校の頃《ころ》から好きだったのでとっくに終わっていました。大学では勉強をしなくても、ほとんど百点が取れちゃいました。ぼくは好きなことのおかげで、救われたような気がします。

大学を卒業したあと、ぼくは本格的に飛行機とロケットにかかわります。「飛行機やロケットの仕事をしたい」という夢をいろんな人にいいふらしたおかげで、ぼくは名古屋で、飛行機やロケットを開発する会社に入ることができました。

そこでは旅客機を作りました。戦闘機《せんとうき》も作りました。宇宙船も開発しました。山梨《やまなし》にあるリニアモーターカーのへんてこりんな形や、今でこそ当たり前になったアヒル顔の新幹線もぼくたちがデザインをしました。三菱《みつびし》重工業の航空宇宙部門でも仕事をしました。

はじめて職場を訪ねたとき「このフロアは、堀越二郎《ほりこしじろう》が働いていたところなんだよ」といわれました。

憧《あこが》れていたゼロ戦の設計者と同じフロアで仕事ができるなんて、まさにぼくの母さんがいっていたとおり「思うは招く」だと思いました。

ぼくはこの仕事が大好きでした。夢がかなった！　と思いました。

でも、5年半でやめました。

なぜなら飛行機になんにも興味ない人が、どんどん会社に入ってきたからです。彼《かれ》らは新しい仕事の依頼《いらい》がくるたびに、「やったことがないからできません」「勉強してないからできません」といって断り続けました。

ぼくが「なんで『できない』ってばっかりいうの？」と聞いてみたら、自信たっぷりに「『自分には無理です』っていっておけば、楽ができるから」というんです。「おんなじ給料をもらうんだったら、新しい仕事なんてやらない方が得じゃん」というんです。「だからできないふりをしなよ」と教わりました。

でもぼくはせっかくのチャンスだから、いい飛行機を作りたいのです。だからがんばります。でもがんばればがんばるほど、どんどん空回りをして、まわりから浮《う》いていきます。「よくやるわ」とさんざんかげ口をたたかれました。

ぼくはやがていい仕事ができなくなってきて、その会社をやめることになってしまいました。

そのうち、その部門はなくなりました。そして楽をしていた人たちはみんな仕事を失いました。やっぱり楽はしない方がいいと思いました。楽をすると〝無能〟になるからです。

考えてみてください。能力というものは、失敗するか成功するかの「経験」によって身につきます。「楽をする」ということは、つまり「その経験を避《さ》ける」ということです。

だからずっと楽をしていたら、自動的に無能になって、誰《だれ》からも見向きもされなくなります。

もったいないです。人生の価値は、「誰にほめられるか？　いくらもらえるか？」では決まりません。

「自分の給料はこれくらいだから、これくらい手を抜《ぬ》いておこう」なんて考えはじめたらそのとおりの、額面どおりの人間になってしまいます。

そんなものは人生の価値じゃないです。人生の価値は、人生の時間を使って得た自分自身の経験で決まります。

人生なんて一回しかない。それなのに最短コースを選んだら、一瞬《いっしゅん》で終わっちゃうじゃないですか。

いっぱい寄り道をした方が得だと思いませんか。いっぱい人に出会ったらいいです。いっぱいいろんなことやったらいいです。それこそが棺桶《かんおけ》に入る瞬間《しゅんかん》の、自分の価値になります。

一生懸命《けんめい》いろんな経験をしてほしいです。もしなにかに迷っちゃったときには、「自分は楽を選んでいないかどうか」だけに気をつければいい。

そうしたらきっと間違《まちが》えないで、今より前に進むことができると思います。

迷ったときは、大変そうな方を選ぼう。

思い切る。

Imagination Lesson

17

いやなことを見つけたら、
なぜいやなのかを考える。

ぼくは名古屋の会社をやめた後、北海道に帰りました。故郷の赤平《あかびら》という町は、昔、石炭を掘《ほ》っていた町です。今は掘っていません。6万いた人が、1万1000人まで減った町です。全然仕事がないからです。

そこで暮らす人たちはみんな「不景気だからしょうがない」とあきらめていました。

ぼくの父さんは誰《だれ》も雇《やと》わず、ひとりで会社をやっていました。石炭を掘るときに使う、特殊《とくしゅ》な機械を直す仕事をしていたのですが、炭鉱がなくなって、石炭を掘らなくなったからこの仕事がまるごとなくなりました。

しょうがないから父さんは、当時普及《ふきゅう》しはじめた車の部品を直す仕事をはじめます。この仕事でいっときはこの地域で一番の腕前《うでまえ》になりました。

ところが、やがて壊《こわ》れた部品は、壊れた中古車から外したものとまるごと取り替《か》える時代になり、とたんに「車の部品を直す」という仕事もなくなりました。

そこでぼくは父さんと一緒《いっしょ》に、リサイクルという仕事で使うマグネットを作りはじめました。ゴミの中から鉄くずを取りのぞくために使うマグネットです。

そして今では不思議なことに競争相手がおらず、植松電機のマグネットは、日本中で、そして世界で使われています。

本当に不思議です。マグネットの作り方は誰もが知っているはずです。誰もが小学校のときに習います。釘《くぎ》に電線を巻いて、電気を流した記憶《きおく》がある人もいるでしょう。

そのマグネットをただ〝でっかく〟しただけなのです。

みんなマグネットは知っています。それなのに、なぜ植松電機のマグネットを真似する人がいないのでしょうか。

それは発明したからです。発明をすると、小学校で習ったことで会社が作れます。だから発明はした方がいいです。

今からこっそり、みなさんに発明のコツを教えます。これでみなさんも発明で食えるようになるかもしれません。

発明のコツは簡単です。発明のコツは、ぼくが大好きな『トムとジェリー』の中に隠《かく》されていました。

ねこのトムが、ねずみのジェリーをつかまえます。そしてトムが、ジェリーをどうしてやろうかと考えるとき、頭の上の吹《ふ》き出しにボーンと〝悪魔《あくま》のトム〟があらわれます。そして「ひどいことしてやれよ」とろくでもないアドバイスをします。すると今度はまた頭の上にボーンと〝天使のトム〟があらわれて、「そんなことしちゃだめだよ」というやさしいアドバイスをしてくれます。

人の心の中には必ず、こういった〝こわい心〟と〝やさしい心〟というものが両方存在します。そして、自分自身とこわい心とやさしい心、この3人で話し合いをすることができます。

なにか不都合なことが起きたとき、この3人でしっかり話し合いをすることが、発明の良いきっかけになります。

ところがいざ話し合いをしようと思っても、「うぜえ」「むかつく」「意味なくね？」3人ともこんな言葉しか知らなかったらどうなるでしょうか。

3人とも頭の中が「?」「?」「?」になってしまうんですね。なにも考えられなくなります。

人は誰でもいやなことに出合います。そのときはチャンスです。我慢《がまん》をしたり、投げ出したり、愚痴《ぐち》をいったり、あきらめたりしている場合ではありません。

いやなことと出合ったらまず「なんでいやだと思うのかな?」と考えます。それが、人を助ける発明のきっかけになります。

考えてみてください。いやな思いをしているのは、自分だけじゃないんです。他にもいっぱい自分と同じように、いやな思いをしている人がいます。だから自分を救うんです。その方法が誰かを救う方法にもなります。

いやな人と知り合ったときも、「あいつ、いやだよね」とぼやくのではなく、(なんで自分は、この人のことをいやだって思うんだろう)と考えます。そうしたら、いろんなことが見えてくるはずです。

ぼくはリサイクルの仕事を手伝ってみて(これは危ないから、人間がやらない方がいいんじゃないか)と思った点を、いっぱい見つけました。

ところが現場で働いている人たちは「いやいや、仕事だからしょうがないよ。慣れたら大丈夫《だいじょうぶ》だよ」とあきらめていました。

そこでぼくは考えたんです。そうしたら、それが発明だったんです。

いやなことはチャンスです。だからいやなことがあったら、いっぱい考えてみてください。

ただ、せっかく〝いやなこと〟にめぐり合えたのに、「うぜえ」「むかつく」「だるい」「めんどくせえ」こんなことをいってても、なんにもなりません。これは不快をしめしているだけだからです。なにも問題が解決しない。赤ちゃんと同じです。赤ちゃんはなにもできないから、不快をしめします。

ぼくたちは、なんでもできる。だから「うぜえ」といってる場合じゃないのです。

考えればいいのです。そして考えるためには、美しい言葉が必要です。美しい言葉を身につけたら発明ができます。美しい言葉を身につけるために、素敵な本を読んでください。そしてその言葉を使ってください。きっと発明ができるようになります。

ぼくはちょっと変わった製品を発明しました。

でもはじめはまるっきり売れませんでした。「本当の新製品」というのは誰も知らないからです。そもそもニーズがありません。ほしいという人がひとりもいないのです。

「本当の新製品」を買ってもらうためには、知ってもらう努力が必要です。ぼくの発明もはじめは売れませんでしたが、少しずつ知ってもらえたら売れはじめました。売れはじめたと思ったら、あっという間にうちの会社のマグネットは一番になっていました。

　そのときぼくは気がつきました。新しい製品やサービスを考えるとき、「売れそうかどうか？」を考えに入れなくてもいいんだということにです。

　売れそうだなと思えるものは、その時点でもう負けです。たいていは二番煎《せん》じ、パクリ商品だからです。とっくにブームは終わっています。

　本物の新製品は、「悲しみや、苦しみや不便の解決」から生まれてくるものです。

「これがあったら新しい」と思うものを、みなさんもどんどん考えてみてほしいと思います。

いやなことと出合ったら、チャンスだと考えよう。

Imagination Lesson

18

目の前の仕事だけではなく、次の仕事も同時にはじめる。

ぼくは石炭を掘《ほ》る町で生まれたことによって、あることに気づくことができました。

それは「一生続く仕事はない」ということ。そして「どんな仕事も必ず変化する」ということです。

すべての仕事には寿命《じゅみょう》があります。はじまってから、ピークをむかえて、衰退《すいたい》していきます。

ヨーロッパでは、一つの仕事の幅《はば》はだいたい「20年」だと考えられているそうです。

一つの仕事の寿命は20年。

これと似たような考え方が、日本にもありました。

伊勢《いせ》神宮のような大きな神社の中には、20年に一回、遷宮《せんぐう》（本殿《ほんでん》を境内の別の場所に新築移転すること）をするところがあります。

まるきり移し替《か》えるのです。

それがなぜ20年なのかというと、40歳《さい》の人が働いているうちに、60歳の人が20歳の人に20年かけてやり方を教えるためだそうです。「20年のサイクル」

は、日本にもヨーロッパにもありました。

その考え方からわかることは、一つの山（仕事）が終わってしまってからだと遅《おそ》い、ということです。ふたたび次の山（仕事）をむかえようと思っても、それまでの途中《とちゅう》はどん底で食べていけないからです。

ではどうすれば、次の山を迎えられるのでしょう。

簡単です。

山をかぶせてしまえばいいのです。

50％の力で今の食い扶持《ぶち》を稼《かせ》いで、50％の力で未来の仕事を作ればいい。

そうしたら大丈夫《だいじょうぶ》です。ぼくたちはちゃんと仕事を続けることができます。

ぼくの場合は、父さんの車の部品修理の仕事がどんどん減っていくものだから、余った時間を使ってリサイクルの研究をはじめました。

当時、リサイクルという仕事はまだ誕生したばかりで、世間に広く知られていない仕事でした。ぼくはリサイクルに使う機器を研究しました。いろん

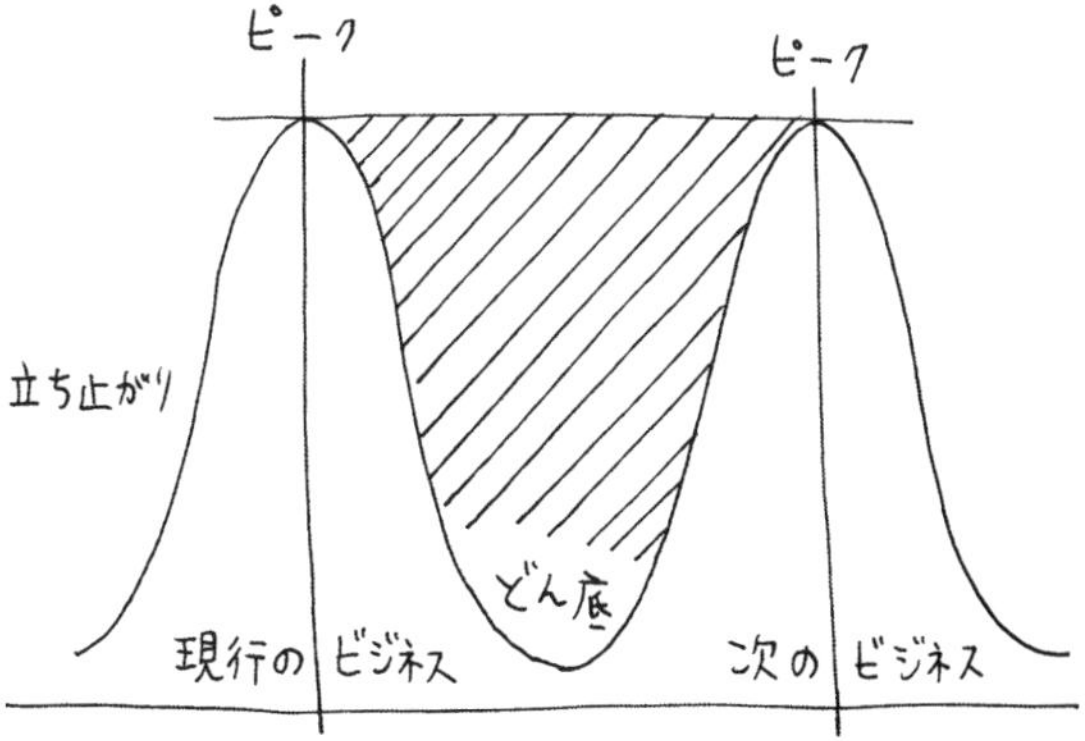
ピーク
ピーク
立ち上がり
どん底
現行のビジネス
次のビジネス

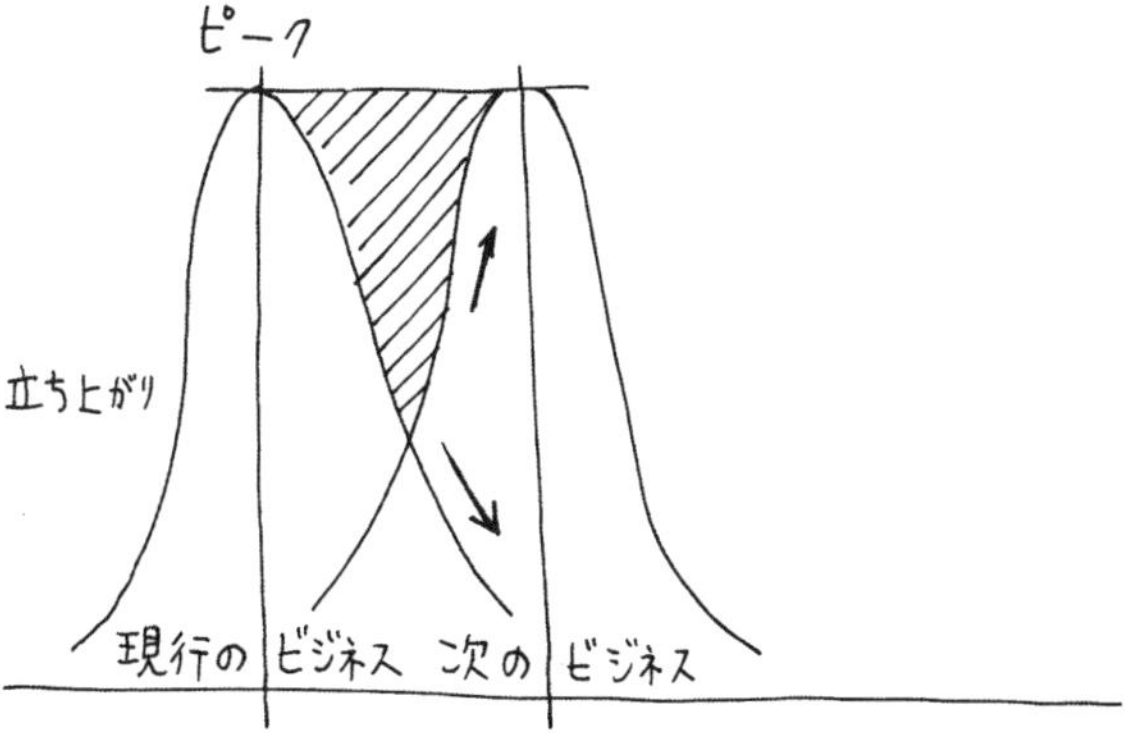
ピーク
立ち上がり
現行のビジネス
次のビジネス

なリサイクル施設《しせつ》を見学しました。ゴミをもらってきて分別もしました。

そのときに工場の先輩《せんぱい》たちからいわれました。

「余計なことをしてないで、本業を一生懸命《けんめい》やれよ。おまえは『二兎《にと》を追う者は、一兎をも得ず』って言葉を知らないのか？」

もちろんぼくはこの言葉を知っています。

ぼくは登山が好きなので、山でよくウサギを見かけます。山で見かけるウサギは時速60キロから80キロくらいで走っています。ちなみにウサイン・ボルトは時速40キロです。つまり、人間はただ走っているだけでは「一兎も捕《つか》まえられない」のです。

そのかわり、人間には知恵《ちえ》と工夫があります。

ぼくは考えました。発明しました。特許もとりました。

そうしたら、とある旧財閥《ざいばつ》系《けい》の大きな会社が取引をしてくれることになりました。うれしかったです。

植松電機はその字のとおり、もともと炭鉱で使う「電機（モーター）」の修理をしていました。モーターの修理から車の部品修理へ、車の部品修理からリサイクルへ、そしてリサイクルから宇宙開発へ。

余力があるうちに、次の仕事のための訓練をしています。やったことがないことをやってみれば、今までになかった知恵と経験を得られます。あとはそれをどう使うか、ときどき考えてみればいいだけです。

変化を追い越したものだけが、生き残る。

Imagination Lesson

19

「ちゃんとしている」ふりをせず、「自分の弱み」を見せる。

大きな会社と取引することになったとき、こまったことになりました。契約《けいやく》の直前に電話がかかってきて「株式会社を作りなさい」というのです。そのときまで植松電機はぼくと父さん、ふたりきりの個人事業でした。有限会社ですらありませんでした。

相手の会社は、とっても歴史がある会社です。だから「いまだかつて、わが社は個人と取引をしたことはない。ただちに株式会社を作りなさい」というようなことをいうのです。なんて横柄《おうへい》なことをいう会社だろうと思いました。

ぼくはこまってしまい、父さんはうろたえてしまいました。

会社なんて作ったことがないから、どうしていいかわからないのです。

でもすぐに思い直しました。

「わからない」というのは、自分の状態を表しているだけです。

「おなか減った」とか「寒い」といっているのと、同じことだと気がつきました。おなかが減ったら、なにか食べればいい。寒かったら、なにか着ればいい。そして、わからなかったら調べればいいのだと思いました。

ぼくは自転車にのって、近所の本屋に行き、本を買いました。その本を読んで学んだら、株式会社植松電機が誕生しました。『自分でできる会社の作り方』という本です。この本を買った理由はタイトルの頭に「失敗しない」と書いてあったからです。なにかをはじめようと思ったら、とりあえず本屋にいけばなんとかなると思いました。

大事なことは「わからないこと」をそのままにしなければなんでもできる、ということです。「わからない」というだけだから、わからないのです。わからなかったら調べればいい。ただそれだけでなんでもできるんです。

ぼくは会社を作り、人を雇《やと》うことになりました。

でも「生まれてはじめてやること」というのは、なかなかうまくいかないものです。

どんどんどんどん人がやめていきました。悲しくなりました。

なぜだろう。きっとぼくがリーダーなのに、ちゃんとしていないからだと思いました。ちゃんとしなくちゃいけないんだろうなと思いました。

だから髪《かみ》の毛をカチカチにかためて、びしっとスーツを着て仕事をしはじめました。

そしてちゃんとしようとしたぼくは、だんだん「知らないことは、恥《は》ずかしいことだ」と思うようになりました。

だから知ったかぶりをして、憶測《おくそく》で話をするようになりました。そして知らない話題にぶつかるたびに、「そんなものは知る必要もない！　くだらないことだわ！」といって頭から否定するようになりました。

間違《まちが》えることは恥ずかしいことだと思っていたから、どんな間違いも認めなくなりました。よくわからない事柄《ことがら》についても、なんでも決めつけでものをいうようになりました。

そうして、ぼくの中で「ちゃんとすること＝人に迷惑《めいわく》をかけないこと」だったのが、いつの間にか「ちゃんとすること＝人に弱みを見せないこと」に変わっていました。

ぼくはいつもひとりぼっちでした。演技をするだけの塊《かたまり》になっていました。なにもかも、おかしくなっていきました。

とうとうあるとき「ちゃんとしているふり」をしていると、ろくなことにならないんだな、ということに気がつきました。

だからぼくは「ちゃんとしているふり」をやめ、現在のスタイルになっています。今ではずっと作業服を着ていますし、しょっちゅう居酒屋で酔《よ》っ払《ぱら》っています。

みなさんも「自立しなきゃ」と思ったり、「自立しなさい」といわれたりすることがあるかもしれません。

でもこれだけは忘れないでください。

「自立は、孤立《こりつ》ではない」

〝会社〟も〝社会〟も、おんなじ漢字を使います。どっちも「会う」という字を使います。会社も社会も、人が出会って、力を合わせるところ。ひとりではできないことを、みんなでするところなのです。

「ちゃんとしているふり」をやめた頃《ころ》、ぼくは運命の人と出会います。

北海道大学の永田教授と出会ってしまいました。永田教授は安全なロケットを研究していました。奇跡《きせき》だと思いました。ぼくは「ロケットは危ないから作っちゃだめなもの」だと思い込《こ》んでいました。だからロケットを作る夢はあきらめかけていました。

そんなぼくが永田教授に出会えたのです。

永田教授はお金がないから、あきらめようとしていました。ぼくもお金はないけれど、ぼくは物を作ることができました。

そんなふたりが出会っちゃったんです。ぼくが「一緒《いっしょ》にやりたいです」といったら、永田教授は「やりましょう」といってくれました。

それ以来、ぼくは信じているのです。人の出会いには意味があるんだって。きっと神様が「あんたとあんた、会いなさい」といってくれているのです。だから、今日も「今日の出会い」を大切にしたいと思っています。

ぼくと永田教授は助け合うことができました。おかげで「人は、足りないからこそ助け合うことができるんだ」と知りました。

ぼくはずっと「助ける」というのは、余裕《よゆう》がある人の施《ほどこ》しだと思っていました。でもこれは完全な間違いだったと、今ならわかります。

「自分以外の、余裕のある人がきっと助けてあげるだろう」と思いはじめちゃったら、助けなくて済んでしまうからです。「うちは無理だわ、余裕ないわ」というふりさえしていたら、なにもしなくて済んでしまいます。

でも、そういうものじゃありません。

人はお互《たが》いに足りないからこそ、助け合うことができるのです。

だから他人が足りないことをバカにしてはいけません。自分が足りないことを恥ずかしいと思う必要はありません。また足りているふりをする必要もありません。

人は誰《だれ》でも「足りない」んです。足りないからこそ、好きなことを伸《の》ばそうとします。

その好きなことに、「よむ」「かく」「つくる」「しらべる」をくっつけたら、どんなことでも素敵な研究開発になってしまいます。

誰にでもできます。ぜひ自分の好きなことに、「よむ」「かく」「つくる」「しらべる」をくっつけてみてください。きっと素敵なことが起こるはずです。

ぼくは今いろんな企業《きぎょう》と一緒に仕事をしています。その中で気がついたことがあります。それは企業同士が「自分の得意なこと」を持ち寄ったときは、全然うまくいかないということです。

ところが企業が「自分のできないこと」を持ち寄ったら、うまくいくことが多いのです。

だから「人に弱みを見せる」というのは必要なことなのかもしれません。「人を頼《たよ》る」というのは、もっと必要なことかもしれません。「自分の足りないところ」が、人間関係を作る上で一番大切なものなのです。

「足りないところ」をすすんで見せよう。

Imagination Lesson

20

好きなことは「やめろ」と言われても続ける。

ぼくは永田教授と力を合わせて、ロケットを作れるようになりました。

ふつうはロケットを勝手に作っちゃいけないです。危ないです。ロケットの中にはたいていちゃぷちゃぷの燃料が詰《つ》まっているからです。

液体の燃料はロケットが壊《こわ》れたときに、バサーッとまき散らかされて、それが空気とむすびついた瞬間《しゅんかん》、いっぺんに燃えて大爆発《だいばくはつ》を起こします。

ロケットは2回爆発しますが、最初にちっこい爆発があったあとの、2回めの爆発がまずいのです。

この2回めの爆発をふせぐためには、石油と同じような成分だけど、「まき散らかされないようなもの」を燃料として使えばいいんです。

それがプラスチックでした。ぼくたちのロケットの燃料には、ポリエチレンが使われています。ポリエチレンはスーパーのレジ袋《ぶくろ》とか、ペットボトルのキャップになるものですね。

塩素を含《ふく》まないからダイオキシンが出ません。おまけにすごく安いです。

研究を重ねた結果、そのポリエチレンを分厚いボタンみたいな塊《かたまり》に成形して、ボタンの穴を交互《こうご》にずらしながら重ねていくと、まるで液体であるかのように急激に燃える、という現象を発見することができました。

今ではたった数キログラムのポリエチレンから、100万馬力ほどのパワーを引き出すことができます。そんなぼくたちのロケットエンジンは、いろんな研究で使ってもらえるようになりました。

でも実際に作ってみたら、〝ロケットだけをただ飛ばしてもしょうがない〟ということがわかりました。

ロケットはもともと宇宙に物を運ぶためのものです。トラックやタンカーと一緒《いっしょ》なのです。

ロケットを飛ばすためにはお金がかかるので、本当はお金を出してくれるお客さん（荷主）が必要です。そのお客さんを探すこともできます。でもお金をかけずに全部、自分たちの力で飛ばす方が面白《おもしろ》そうだと思いました。

そこでぼくたちは、自分たちで「無重力の研究」ができるようにがんばりました。そして自分たちで「人工衛星」を作れるようにがんばりました。するとそれらの技術を、いろんな企業《きぎょう》があてにしてくれるようになりました。

その技術をいかして、ぼくたちは将来、宇宙のゴミを片付ける仕事をしたいと思っています。

宇宙にはゴミがものすごくたくさんあります。片付けるためには、ものすごくたくさんのロケットが必要です。そうしたら働く人がいっぱい増えて、宇宙でおこなう仕事や、ロケットを作る仕事が、日本でわりとふつうの仕事になるかもしれないのです。その日のためにぼくは一生懸命《けんめい》、研究をしています。

ぼくたちもいろんな宇宙開発ができるようになりましたが、宇宙開発といえばやっぱりスペースシャトルです。

2500トンもあります。とんでもない乗り物ですね。でもこのスペースシャトルだって、いきなり生まれたわけではありません。

スペースシャトルの「最初」はとってもシンプルなものでした。

思い切る。

これはロバート・ゴダードさんという人が作った、アメリカの最初のロケットです。

また日本のH2ロケットは250トンですが、そのH2ロケットも最初はここからはじまっています。

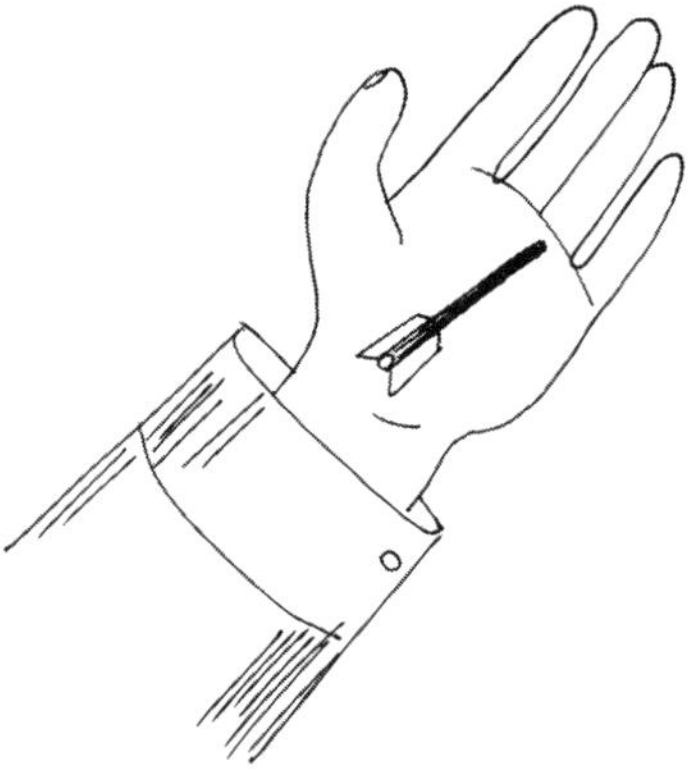

のちに「すごい！」と思われているものも、なんでも最初は手づくりです。そしてちっちゃいんです。しかし、なぜこんなにちっちゃいロケットからはじまったのでしょうか。

昔、日本は世界に通用するような、すごい飛行機を作っていました。そしてそのことを「面白くない」と思っていた国がありました。

アメリカです。アメリカは飛行機を一大産業にしていましたから、他の国が良い飛行機を作ったらこまります。だからアメリカは戦後、日本を占領《せんりょう》したあと「飛行機を作っちゃだめ」といいました。

日本人の技術者たちは絶望しました。そして「もう作っちゃだめだから」と、命令されてもいないのに、飛行機の設計図をみんな燃やしてしまったのです。

その中でも絶望しない人がいました。

糸川英夫《いとかわひでお》という技術者です。彼《かれ》は「飛行機を作るな」といわれたから、「これは飛行機じゃないから」とすっとぼけて、ロケットを作りはじめました。

これは完全なへりくつでした。でもこのへりくつロケットはがんばって、あっという間に日本のロケット技術を向上させます。

そのことに気づいたアメリカは、今度は「そんなものを作る金があったら、アメリカのロケットを買え」といってきます。アメリカから「やめろやめろ」とさんざん圧力をかけられて、日本の政治家の中にも「やめろやめろ」という人が出はじめました。

でも、ずっとやめなかった。

その結果、日本は火星の向こう側に〝探査機はやぶさ〟を送ることになりました。

はやぶさが生まれた理由がわかりますか。技術者のすごさでしょうか。全然違《ちが》いますね。

はやぶさは「やめろといわれても、やめなかったから」生まれたのです。

だから奇跡《きせき》が起きたのです。

人生も一緒です。「やめなさい」といわれていることを、全部「はいわかりました」とやめてしまったら、自分の人生は無責任な誰《だれ》かに持っていかれるだけです。

なんでも、自分で考えて、ためしてみた方がいいのです。なんでも、自分で考えて、ためしたおかげで、ぼくはいろんなことができるようになりました。

ぼくだけではありません。すべての人にすごい可能性があります。みなさんはこれから先、人類の歴史を変えるようなすごい人たちです。

ほんとですよ。歴史はいつもひとりが変えているじゃないですか。サッカーの中田《なかた》選手も、野球のイチロー選手も、吉田松陰《よしだしょういん》さんも、エジソンさんも、はじめたときは「ひとり」なんです。みなさんも同じくひとりです。ひとりが歴史を変えるのです。

これから先、マザー・テレサや、スピルバーグ監督《かんとく》みたいになっちゃう人や、ハリーポッターのＪ・Ｋ・ローリングさんみたいになる人が、みなさんの中にまざっているんです。

今、わからないだけです。どんな偉人《いじん》だって、自分がまさか偉人になるなんて、夢にも思っていなかったのです。

偉人になるための資格はありません。学校もないです。

この人たちはただ、「好きなことをやめなかった」からこうなっちゃっただけの話です。好きってすごいです。好きなことは、がんばれるからです。好きなことは、覚えちゃうからです。それが人間の本当の実力です。

みなさんの中には、受験勉強を経験した人もいるはずです。そして、なんにも覚えていないでしょう。ぼくも覚えていないです。でも小学校の頃《ころ》大好きだった本の内容は覚えているでしょう。そういうものなんです。

人は必ずテストや成績や偏差値《へんさち》と関係のない社会人になります。しかも社会人の時間の方がはるかに長いです。

そのとき人を輝《かがや》かせる魅力《みりょく》のもとは、「好き」しかないのです。好きなことがあると、仲間が見つかりやすいし、力を合わせやすいです。

だから好きなことはやめずに、いっぱい続けた方がいいのです。

好きなことは、誰にも止められない。

Imagination Lesson

21

「どうせ無理」と戦う。

みなさんの命はとっても大切なものです。そして可能性にあふれています。なぜ人を殺してはいけないかといえば、それは「人の可能性を奪《うば》ってしまうから」ではないでしょうか。

言葉を使って人の可能性を奪うことも、人の命を脅《おびや》かすことと変わりない、恐《おそ》ろしいことだと、ぼくは思っています。

そして人の可能性を奪おうとする、象徴的《しょうちょうてき》な言葉が「どうせ無理」です。簡単な言葉です。すぐ楽ちんになれる恐ろしい言葉でもあります。この言葉をつぶやくだけで、なにもしなくて済んでしまうからです。

でもこの言葉こそが、人に「努力なんて無駄《むだ》だ」と思わせる最悪の言葉です。他人からこの言葉をくらうと、人は大変なことになります。

なぜなら人の〝自我〟というもの、つまり「自分は自分だ」という確信は、とっても弱いものだからです。

自我というものは、ただの思い込《こ》みです。思い込みの「自分」を守りたいから、自分はつねに「変じゃないんだ」「必要とされてるんだ」と思っていたい。

ところが、この「どうせ無理」という言葉をくらうと、「きみをあてにしてないよ」「きみなんていらないよ」という意味を受け取ってしまいます。「きみなんていらないよ」といわれた人が、自信を持ち続けることはできません。自信がなくなるとまずいです。自信がなくなると、なにをしていいのかがわからなくなります。自分になにができるのかもわからなくなります。

将来のことで悩《なや》む人はいっぱいいます。その状態の人に「もっと真剣《しんけん》に考えなさい」といっても解決しません。いくら考えたところで、自信を取り戻《もど》すまでは解決できないのです。自信がないと不安になります。不安だから友情とか愛情に〝証拠《しょうこ》〟を求めたりするようになります。

証拠です。たとえるならば『みにくいアヒルの子』のように〈みんな羽根が黄色いのに、きみだけ「黒い」から仲間じゃない〉という状態です。このとき、みんなと同じ黄色い羽根、というのは友情の〝証拠〟かもしれません。

ＬＩＮＥでメッセージを送った後「既読《きどく》マークがついているのに、返信してくれない」と悲しむ人もいるようです。

でも友情や愛情の〝証拠〟は、たいてい〝束縛《そくばく》〟です。この束縛がさらにエスカレートしていくと、「友だちなんだから、いうことを聞くのは当たり前だろう」などと、とんでもない思い違《ちが》いを生み出すこともあります。そして〝束縛〟をするのは、「自信がない人」たちです。

ちなみにLINEの〝既読〟という機能は、東日本大震災《だいしんさい》から生まれたものです。たくさんの人が安否確認をしようとしたときに、メールを送っても電話をしても、相手が気づいてくれているのかどうかわからないと、心配した人たちがいました。そのときに返事はできないけど、「わたしは生きていますよ、安心してね」という意思を伝えるために生まれた機能です。そんなすばらしい目的のために作られたものが、友情の証拠づくりに使われているなんておかしなことですよね。

「ずっと信じていた人に裏切られた」というショックを引きずっている人がいたら、考えてみてほしいです。

人を信じるってなんだろう。たとえば〝信じる〟の定義を「この人は、きっとこうしてくれるはず」だとしたら、〝裏切られる〟というのは「この人が、まさかそんなことをするなんて」です。

つまり「信じていたのに、裏切られた」という状態は、「他人に自分の期待を押《お》し付けていたけど、期待どおりにならないから腹を立てている」という状態だともいえ、もしかすると自己中心的な考え方だといえるかもしれません。

他人の気持ちを知ることはできません。人はわからないものです。そのことをちゃんと教えてくれるアニメが『新世紀エヴァンゲリオン』でした。

このアニメの中には碇《いかり》シンジ君という男の子が出てきます。彼《かれ》は父さんのことが好きです。ところがこの父さんはこわいです。すぐに怒《おこ》って、「帰れ！」といってシンジ君を追い返してしまいます。そうしたらもう、碇シンジ君はいきなりヘコんで、父さんについて愚痴《ぐち》をいいはじめます。「父さんがいったいなにを考えてるかわからない！」「どうせぼくのことなんかわかっちゃくれないんだ！」と。すると、そばにいた綾波《あやなみ》レイちゃんという女の子が、碇シンジくんに質問します。

「あなたはわかろうとしたの？　伝えようとしたの？」

そうしたら碇シンジ君は、「そんなの関係ないよ！」といってしまうんです。

関係なくないですね。関係おおありです。人間の心はわからないのです。わからないから、どうしても「わかる努力」と「伝える努力」が必要です。しかもそれは、お互《たが》いにやらなきゃいけない。

人との絆《きずな》は大事です。でもお互いに我慢《がまん》をしたり、無理をしたりするのは、絆でもなんでもありません。それはただの束縛です。

本当の絆というのは、「受け入れる」「かかわる」「見捨てない」です。受け入れて、かかわって、見捨てない。それが愛というものなんだろうと、ぼくは思っています。

自信はとっても大切なものです。

自信をなくしてしまった人の中には、自信がほしいから、自信をお金で買ってしまう人がいます。ある人は流行ばかり気にして、自分の身を飾《かざ》るようになります。そしてお金をどんどんなくしていきます。自慢をするようになる人もいます。人を見下すようになる人もいます。他の人ががんばったらこまるからと、人の努力を邪魔《じゃま》するようになる人もいます。

これは、いじめの原因じゃないですか。こういう人たちが、みなさんのまわりにもいるかもしれません。いじめられる人もかわいそうですが、いじめをしてしまう人も、誰《だれ》かに自信を取られてしまったかわいそうな人たちです。そのかわいそうな人たちが、自分の自信を守りたくて、しょうがなく他の人たちの自信を奪っているのです。

いつか、ぼくの工場にアフリカの人たちがきてくれました。ぼくの話を聴《き》いてくれた彼らが、帰り際に教えてくれました。

今アフリカでは「勉強したって、努力したってどうせ無駄だ」と自分の可能性をあきらめてしまった人たちが、やがて人を殺すようになり、人の物を奪うようになっているのだそうです。

がんばれない、生み出せない。だから、奪うしかない。

暴力で奪うこともできます。暴力以外にも、ウソをついたり弱いふりをしたり、人をだましたりして、奪うこともできます。でもみんなが奪い合ったら、社会は簡単にほろびてしまいます。

みんなが奪い合う原因はなにか。

元をたどると「どうせ無理」という言葉に行き当たります。

ぼくは世界中から「どうせ無理」という言葉がなくなったら、いじめや暴力や戦争がなくなるかもしれないと思ったのです。


ぼくたちは「どうせ無理」という言葉を知らずに生まれてきました。はじめになにを「どうせ無理」だと思ったのか。

ぼくの場合は、それが〝宇宙にロケットを飛ばすこと〟でした。宇宙は美しくて、夢があります。ぼくだけじゃなくて、みなさんも一度は小さな頃《ころ》に憧《あこが》れたかもしれません。でも自分がロケットを飛ばせるようになるとは、なかなか思えないものです。気がつけばいつの間にか、ロケットを飛ばすなんてよっぽど頭が良くないと、よっぽどお金がないと、それも国家に認められるレベルじゃないと、「どうせ無理」だと思い込まされていました。

誰が「どうせ無理」だと教えてくれたのか。

それは、やったことがない人たちです。やったことがない自分の心です。やったことがない人たちは、いつも適当な「やらない言い訳」を教えてくれます。そのせいでぼくたちはときどき、なにができるのか、なにをしていいのかがわからなくなります。

誰かに教わった、または自分で作り出した、根拠《こんきょ》のない「できない理由」のおかげで、ぼくたちはどんな夢だってあきらめられます。

だから「どうせ無理」という言葉をこの世からなくそうと思いました。「どうせ無理」という言葉がなくなったら、いじめや暴力や戦争がなくなるかもしれない。児童虐待《ぎゃくたい》もなくなるかもしれない。

あんな北海道のちっぽけな工場だって、ロケットを作れる時代になったんだから、自分たちもやればなんだってできるんじゃないか。そう思ってもらいたくて、ぼくはロケットを作る仕事をしています。そして子どもたちにもぼくの工場にきて、ロケットを作ってもらっています。ちっちゃいロケットですが仕組みは本物です。電気信号を送ると、0・3秒で時速200キロを突破《とっぱ》します。そして高度100メートルまですっ飛んでいくと、上空で自動的にパラシュートをぽかりと開いて、ゆっくりと舞《ま》い戻ってきます。無事に戻ってきたら何回でも飛ばすことができます。宇宙空間でも使うことができる本物の実験装置です。
ぼくはこの本格ロケットを作ってもらうとき、最初に「作り方を教えないからがんばってね」といいます。

「わかんない」っていったらわかんなくなるからね。わかんなかったら調べればいいんだよ。まずはまわりの人を見てごらん。学校ではカンニングするなっていわれるけども社会に出たら「見て盗《ぬす》め」っていわれるから、今のうちに練習しておいてね。そして見てもわからなかったら、人に聞けばいいんだよ。そして見て聞いてわかったことを、みんなでしゃべりな。そうしたらこの世から、わかんないことがなくなるでしょ？

ぼくがそういうと、みんなわいわいがやがやロケットを作りはじめます。

結果的に、全員すごく早く作れます。早く作ることができた子が、なかなか作れない子に教えてあげるからです。教えてあげる子は、もっと覚えます。教えてもらった子も、助けてもらってできたことを喜びます。

そして、みんな完成します。

完成させたロケットを手に持って、「自分が一番に飛ばしたい」といって、みんな一斉《いっせい》に発射台の前に並びます。

でもためしにぼくが一本飛ばして見せると、とたんに列の順番が逆になります。みんな「飛ばしたくない」といいはじめるのです。「あんなに飛ぶと思わなかった」というのです。「きっと自分のは失敗する」と尻込《しりご》みするのです。なかなか発射ボタンを押せなくなってしまう子もいます。

でもロケットは飛ぶんです。

「ほらね、ロケット飛んだでしょう?」

そうしたら変化が起きる。みんな、やさしくなれるんです。

「教育困難校」といわれる学校に呼ばれて、話をしにいったこともあります。そこはいまだに昭和のヤンキーマンガ『ビーバップ・ハイスクール』のような格好をした子どもたちが、本当に存在しているような学校でした。授業中、口笛を吹《ふ》かれたり、手拍子《てびょうし》をされたりして大変でしたが、それでもがんばってしゃべったら、なんとか話だけは聴いてくれました。

話の最後に、みんなに「ロケットを作ろう」と呼びかけました。子どもたちは「自分たちはバカだから無理だ」と遠慮《えんりょ》したのですが、なんとかお願いして作ってもらうと、ちゃんとロケットは完成しました。そしてちゃんと飛ばすこともできました。でも彼らはなんにもいわないで帰っちゃいました。ああ、伝わらなかったかな。そう思ってがっかりして帰ろうとしたら、彼らはぼくの車の前で待っていました。

ホームルームに行かずに、車までぼくの荷物を運んでくれていたのです。そして握手《あくしゅ》を求めてくれました。

彼らは暴力事件ばかり起こしていたそうですが、それ以来、暴力をふるわなくなったそうです。

彼らは自信がなかっただけです。自信がなかったから、強がって、暴力をふるっていたのでしょう。でも「作れるわけがない」「飛ばせるわけがない」と思っていたロケットを作れて、飛ばせたから、ちっちゃな自信がわいたから、小さい頃と同じように、やさしくなれたんです。人間は本当はやさしいんです。そのやさしさを思い出すためにも、ちっちゃい自信は大切だなとぼくは思います。

ぼくは34歳《さい》で生まれてはじめて会社を作りました。

いきなりすごくもうかりました。いい気になって天狗《てんぐ》になって、大失敗をして、2億円もの借金を作りました。

年商の何倍もの借金です。自分のせいだと思いました。ひとりでなんとかしなきゃと思いました。

ひとりで解決するために、日本中をひとりで飛び込み営業にいきました。

さんざんな目に遭《あ》いました。だからぼくはあれほど大好きだった飛行機に乗るたびに、（今日こそこの飛行機、墜《お》ちてくれ）と真剣に祈《いの》るようにもなりました。

やがてぼくは成長し、勉強し、強くなります。

そして他人にやられたひどいことを、10倍くらいにして返していくようになります。えげつないことも、冷酷《れいこく》なこともできました。競争相手たちをやっつけました。相手にどんな家族がいるかなんて、まったく想像もしませんでした。やがて売上が増えてずっと冷たかった銀行の人も、親切になってくれました。

でも、ぼくの心は完全におかしくなっていました。

誰も自分のことをわかってくれないと思いました。自分の会社にいる誰のことも信じられず、自分ひとりで仕事をしている気になっていました。そしてついには自分の家族も子どもも、ただの負担にしか思わなくなりました。おれはこんなにがんばっているのに、どうしてみんなわかってくれないんだろう。ついにはなにもかもが面倒《めんどう》くさくなって、全部捨ててしまおうとまで思ったんです。

でも、神様が助けてくれました。

ぼくはその頃「会社の売上につながる」といわれて、やや邪《よこしま》な気持ちで、青年会議所というところに入っていました。結果的に会社の売上には全然つながりませんでしたが、そこで仲間を見つけることができました。

その仲間に誘《さそ》われて、ぼくはなにも考えずにボランティアにいきました。そこでぼくたちを待っていたのは、児童養護施設《しせつ》の子どもたちでした。

身体が不自由な子どもたちではありません。彼らは親から児童虐待を受けて、ここに預けられていました。

施設の人からは「子どもたちに触《ふ》れないでください」と注意されました。いったいどんな目に遭わされたんだろうと想像したら、なんだか怖《こわ》くなりました。

ぼくたちは餅《もち》つきの準備をしました。はじめ子どもたちは遠巻きに見ていましたが、やがてひとりの子が近寄ってきました。ためしに杵《きね》を渡《わた》してみると、手が触れましたが、大丈夫《だいじょうぶ》でした。するといつの間にか列ができていて、みんなと一緒《いっしょ》にお餅をつくことができました。帰る頃にはおんぶや、だっこや、肩車《かたぐるま》をねだられました。「帰らないで」ともいってくれました。うれしかったです。

「いいことしたよね」仲間と一緒にいい気分になって、どこかで一杯《いっぱい》ビールでも引っかけて帰ろうと思った矢先、ひとりの子がぼそっといいました。

「もう一度、お父さんとお母さんと暮らしたい」

信じられんと思いました。

この子は親に腕《うで》を折られて、目をつぶされていました。なんで自分の腕を折って、目をつぶした親のことを、まだ愛してんのと思いました。

同時に（いいことなんてなにもできていない）と思いました。

だっていくらお金を寄付しても、その子を連れて帰ってぼくの子にしたとしても、それはなんの解決にもならないのです。なぜならその子はまだ親を愛しているからです。

（なんでこの子の親は、この子の愛を裏切ったんだろう）と思いました。

そしてよくよく考えたら、（じゃあなんでおれは、他人の家庭を壊《こわ》してまでお金を稼《かせ》いでるんだろう）と思いました。

なんだかわけわかんなくなりました。だからいっぱい考えました。ぐるんぐるんしてしまいました。そしていっぱい考えているうちに、自分の中に閉じ込めてあった記憶《きおく》がよみがえってしまったのです。ぼくも同じような目に遭ってきました。

ぼくは小学校に上がってすぐ、1年生から3年生まで、担任の先生にものすごく嫌《きら》われていました。

ばあちゃんが応援《おうえん》してくれたぼくの夢を、先生は「どうせ無理だ」と頭から否定しました。

じいちゃんがなでてくれたぼくの頭を、先生はさんざんになぐりつけました。

じいちゃんやばあちゃんがほめてくれた、ぼくの飛行機とロケットの知識を、先生は「そんなものを覚えてなんになるんだ」とバカにしました。

毎日「なんだそれは自慢《じまん》か」「おまえなんかにできるわけがない」という言葉を浴びせられ続け、暴力を受け続けました。

でもぼくが先生に怒られるのは、（ぼくが悪いからだ）と思っていました。だから誰にも相談しないで、ひとりで我慢していました。とってもつらかったです。でもまわりに助けてくれる大人はいなかったです。

ぼくはその先生がよく使っていた言葉をずっと忘れません。

その言葉が「どうせ無理」なんです。

今にして思えばその先生は、家庭で旦那《だんな》さんからひどい暴力を受けていたみたいです。たまに顔にあざをつくって学校にきていることもありました。なるほどね、と思いました。暴力は必ず自分より弱いものに向かっていきます。だからこそ、子どもが犠牲《ぎせい》になるのに違いないと。

だからこの世から「どうせ無理」という言葉をなくしたら、この世から児童虐待がなくなるかもしれない。そう思っていたら、ロケットを作れるようになったのです。神様が察してくれたのだと思います。

ぼくは暴力の連鎖《れんさ》を断ち切りたい。

だから、宇宙開発を続けたい。

ではどうすれば宇宙開発をやめずに続けることができるか。一番簡単なのは「他人のお金をあてにしない」ことでした。だから国からお金はもらいませんし、出資は誰からも受けません。「自分たちで稼いだお金」だけでやります。これは、ぼくにとっての、この世から暴力をなくすための手段だからです。

でもぼくにできることには限りがあるから、仲間がほしいのです。

みなさんの力を貸してもらえたらうれしいです。

思い切る。

今日から「どうせ無理」という言葉に出合ったり、この言葉が心の中にわいたときには「だったらこうしてみたら」を考えてみてほしいのです。つぶやいてみてほしいのです。

ただそれだけのことで、いつかきっと、この世から「どうせ無理」という言葉がなくなって、暴力の連鎖がぷつっときれるはずです。いじめや虐待がなくなるはずです。

だからできることだけでもかまわないから、みなさんの力をほんの少し貸してもらえたらうれしいです。

自信を取り戻せば、みんなやさしくなれる。

Imagination Lesson

Lesson5

思い続ける。

Hope

Imagination Lesson

22

「なにになりたいか」ではなく
「なにをやりたいか」を考える。

いつか、自分の子どもに将来の夢について聞くことがあるかもしれません。

でもそのときは気をつけてください。

「将来なにになりたいの？」とは聞かないでください。

「将来なにをやりたいの？」と聞いてあげてほしいのです。

ちょっとの違《ちが》いだけど、全然違います。

たとえば子どもが「将来、お医者さんになりたい！」という夢を語ったとします。すばらしいことですね。あらいいねって、応援《おうえん》してあげたい。

でもこの子が「お医者さんになりたい」ということを、いろいろな人にしゃべりはじめたら、やがてまわりから「そんなのよっぽど頭が良くないと」とか「すごくお金がかかるから」という声が聞こえてくるでしょう。ときには、親すらもそういうことをいってしまうことがあります。何度も「無理だ」と聞かされたら、子どもはあきらめてしまうかもしれません。

お医者さんになりたいのなら、お医者さんになりたいのは「なぜか？」をまず確認することが大事です。

その理由がもし「人の命を救いたいから」であるならば、いろんな選択肢《せんたくし》をがあります。

お医者さんが使っている道具は、お医者さんが作っているわけではありません。でも道具だって人の命を救います。ドクターヘリも救急車も消防車もお医者さんが作っているものではありません。AEDもお医者さんが作っているわけではない。人の悩《なや》みを聞いてあげるだけでも、人の命を救えるかもしれません。

健康にいい食べ物を開発したり、安全な車を作ったりすることだって、人の命を救うことにつながります。

「お医者さんになりたい」だと道は一本ですが、「人の命を救いたい」だったら道は無限にあるのです。

このように将来について話すときは、資格や学歴、資金や職業のネームバリューなどにとらわれず、「なにをやりたいのか」について一緒《いっしょ》に考えればきっと、いろんな可能性が見えてくるはずです。

やったことがないことをはじめるには、本当に便利な世の中になりました。

身近な人が歌手になりたいといったら、即座《そくざ》に「いいね、やってみよう」

といえばいい。インターネットを使って自分でテレビ局を作れるようになったじゃないですか。身近な人が漫画家《まんがか》になりたいといったら「一緒にやってみよう」といえばいい。電子出版も自分でできるようになったじゃないですか。

その気になれば、やりたいことはなんでもできるような世の中になってきています。

いくつになっても自分のやりたいことがわからない。

つまり夢がわからない。または一つに決められなくて迷っている。そういう人はもしかすると「夢と仕事は一致《いっち》させるべきもの」だと思い込《こ》んでいるのかもしれません。

〝夢〟と〝仕事〟は全然違うものです。わけて考えたらすっきりします。

〝夢〟というものは、単純に「大好きなこと」であり「やってみたいこと」です。だからどんなことでもいい。何個あったってかまいません。「今日はカレー食べたいな」だって、立派な〝夢〟です。

一方で〝仕事〟というものは、単純に「人の役に立つこと」であり「社会の役に立つこと」です。だから、どんなことでもいい。何個あったってかまわないです。なんなら、お金にならなくたっていい。世の中にはお金にはならないけど、やるべき仕事はいっぱいありますよね。

このように〝夢〟と〝仕事〟は、どちらもとってもシンプルなものです。

そして、全然違うものです。

ただ、この〝夢〟と〝仕事〟が一緒になっちゃうのはありなんです。

「大好きなこと」や「やってみたいこと」が、人や社会の役に立つなら、夢が仕事になってしまいます。しあわせなことですね。

そのことに気づかせてくれたのはアメリカ人でした。

ぼくがアメリカで、宇宙船を作る会社を訪ねたとき、パーティーで自己紹介《しょうかい》をする場面がありました。そのときに趣味《しゅみ》を聞かれたので、「本が好きです」と答えると、相手のアメリカ人がワクワクした顔で「じゃあ、どんな本を書いているの?」と聞いてきました。

ぼくがあわてて「ん? 書いてないよ。なんで?」と聞き返すと、彼《かれ》は「お金で買うものだったら、それは趣味じゃなくて、ただのサービスだよ。本当の趣味は自分で作り出すものだ。それが仕事になることもある。本が好きなら、本を書いてみたらどうだ?」とすすめてきました。

そういうものなのでしょうか。

でもよくよく考えてみたら、アメリカの人口は日本のたった2・5倍しかないのに、スポーツはとっても盛んで、プロ野球の球団は200チームくらいあります。バスケもフットボールもものすごいチーム数です。そしていたるところから、より安全な指導方法や、プロテクターなどの新しい発想がたくさん生まれています。

さらには、陸ではクレージーなマシンがそこら中でレースをやっています。海でもとんでもないマシンが飛んだりはねたりしているし、砂漠《さばく》でもへんてこりんな車が時速1000キロの世界に挑《いど》んでいたり、空でもクセの強い人たちがクセの強い道具を使って飛び回っています。

どう考えても、「人口」と「レース人口」のバランスがおかしいと思います。

ただ注目すべきことは、どのマシンも〝お金を出して買ったものじゃない〟

ということです。どこにも売っていないから、彼らは全部、自分たちの手で作っているのです。

つまり、趣味が新しい仕事を作り出しているのです。

マウンテンバイクやスノーボードだって、ぼくが子どもの頃《ころ》にはありませんでした。個人の手づくりの趣味が、一つの産業になっただけです。

そこでぼくは気がつきました。ほとんどの日本人は、夢も趣味も「買うしかない」「してもらうしかない」「お金を払《はら》うしかない」と思い込まされてる。だから、お金がほしいのです。

でも本当は、夢とか趣味というものは、自分で考えて生み出すものです。それはお金では買えないものです。だからこそ、経験や、仲間の方が大切になります。おまけにそれは仕事になるかもしれません。

ぼくはあらためて「読書」という漢字を書いてみました。そうしたら「読んで、書く」だと知りました。だから書いてみようと思いました。ただ書き方がわからなかったので、本を書いたことがある人たちと仲良くなったら、みんな親切に助けてくれて、ぼくは自分の本を書くことができました。

なぜ「本を書く」ことができたかといえば、それは「小さい頃から本が好きだった」からだという気がするのです。

好きなことはやっている時間が長いから、知らないうちに能力になっています。だから好きなことがあったら、どんどんやった方がいい。ためらってはいけません。我慢《がまん》してはいけません。禁止をしてもいけません。我慢をするとろくなことになりません。ぼくは子どもの頃、プラモデルを買うことをずっと親に禁止されていましたが、大人になるまでずっと我慢を続けてしまった結果、ぼくの部屋は今、取り返しのつかないことになっています。部屋の壁《かべ》一面にプラモデルの箱が積み上がり、まるでプラモデル屋のようです。こういう悲劇はくりかえしてはいけませんね。

ただおかげでぼくはプラモデルを上手に作れるようになり、プラモデル教室も開けるようになりました。また今でも紙工作が大好きで、一枚の紙からいろんな立体を生み出すことができます。精密なクワガタも、がんばればただの色画用紙で作れます。戦車は板だから簡単です。ロケットは筒《つつ》だから簡単です。プリティな動物も作ることができます。

紙工作を覚えておくといいことがあります。どんな高級車も一枚の鉄板でできていますし、どんな高級かばんだって元は一枚の革の布にすぎないからです。

どんな素敵な洋服も、必ず型紙からできています。

紙工作ができるとなんでも作れる人になれるので、趣味でやっておいても損はないと思います。

好きなことは、我慢をやめると
どこまでも伸びていく。

207

思い続ける。

Imagination Lesson

23

中途半端になってもいいから、好きなことにはいくつも手を出す。

ぼくは今いろんな仕事をしています。

ぼくの工場は医療《いりょう》機器や、農業機械の開発もしています。次から次へと仕事がやってきて、人手が足りなくてこまっているくらいです。

今いろんな仕事ができているのは、小さい頃《ころ》からいっぱい「好きなこと」に手を出したおかげです。

「好きなこと」は一つに絞《しぼ》らず、たくさん手を出した方がいいです。たくさんやっていれば、一つくらいうまくいかなくても大丈夫《だいじょうぶ》だからです。

ぼくはこう見えて小さい頃、ピアノとバイオリンを習っていました。たくさんレッスンをしてきました。ところが中学生のとき家の手伝いをしていたら、左手を機械に巻き込《こ》まれ、そのときに指の一部を失いました。そうしたら習っていた楽器、全部弾《ひ》けなくなりました。

もしもまわりから「音楽ひとすじでがんばりなさい」といわれて、音楽を学ぶことしか許されていなかったら、ぼくはそのときとってもがっかりして、心のバランスを崩していたと思います。

今でも音楽は大好きです。楽器を作ることも楽しいです。でもそう思えるのは、他にもいっぱい好きなことがあったからです。

人生はなにが起こるかわかりません。ある日突然《とつぜん》、歩けなくなってしまうこともありえます。だから「一つのこと」に頼《たよ》らない方がいいです。夢や好きなことは、いくつもあった方がいいと思います。

〝一生懸命《けんめい》〟の意味をよく間違《まちが》えている人がいます。一生懸命は「一つのことだけをやる！」「一つのことしかやっちゃだめ！」という意味ではありません。

こう考えている人は「仕事を一生懸命やってるんだから、家庭のことなんてわかるわけないだろう」といってのけてしまうような人かもしれません。

そうじゃないです。

「一生懸命やって」の本当の意味は「好きでいて」なんです。

数の制限なんてありません。途中《とちゅう》で休憩《きゅうけい》したってかまいません。「一生、好きでいること」こそが本当の意味の〝一生懸命〟です。

いくつも好きなことがあると、今度は「中途半端《ちゅうとはんぱ》だ」といわれることがありますが、気にしなくていいです。中途半端だってなにもしないよりも、なにもできないよりも、断然いいからです。

「自分はなにをやっても中途半端だ」なんて自分を責めないでください。「ちょっとできてるだけマシだな」と思って、もうちょっとだけ、やってみればいいのです。

そしてやればできるんだと、自分に教えてあげてください。

うちには今、6歳《さい》になるポメラニアンがいます。めんこいやつです。彼《かれ》は生まれてすぐにうちにきたので、彼が入ったらこまる部屋に小さい柵《さく》を設けました。

やがて彼は成長し、行ける部屋が増えました。新たに行ける部屋に、新しい柵をつけました。飛び越《こ》えました。柵を高くしました。飛び越えました。犬の成長期に、うっかり忍者《にんじゃ》の修行のようなことをやってしまいました。

今やうちのポメラニアンは立派に育ちました。通常、ポメラニアンは体重が2、3キロしかないかわいらしい動物なのですが、現在のうちのポメラニアンは5キロを突破《とっぱ》しました。巨大《きょだい》ポメラニアンです。しかも足が長く、ジャッキー・チェンのように壁《かべ》すらも使って、柵を飛び越える能力まで身につけています。

こんな高機能型ポメラニアンにも苦手なものがあります。

それは一番最初に設けた、一番低い柵です。その柵だけは越えられないんです。楽にまたげるはずの低い10センチ柵の向こう側で、「無理です」という表情でじっとしています。

彼は「できない」と思い込んでいるのです。だから本当はできることが、できないのです。

ぼくはこういう学生や社会人をいっぱい見てきています。彼らは「できない」と思い込んでいる自分のことを責めて、自分のことを傷つけたりします。もったいないです、かわいそうです。

人が生きていくためには、どうしても自信が必要です。でも自信はお金では買えません。いばっても手に入りません。ひとりきりで守って守れるものでもありません。自信を身につけるには、「やったことがないことをやる」しかないのです。

だからこれから先、やるかどうかで迷ったときは「できるか、できないか」

ではなく、「やりたいか、やりたくないか」で選んでください。

そうすればきっと、ぼくたちはもっと自信をつけて、もっとやさしくなれるはずです。


〝やりたいこと〟を見つけるためには、感動すればいいのです。

小さい頃のように「わー！　すごい！」「やってみたい！」と心を震《ふる》わせることができたら、〝やりたいこと〟はどんどん見つかります。しかもなぜか、その夢はぼんぼん実現していくのです。不思議ですね。

理由は「感動」という言葉にありました。この言葉に、実はすごい秘密がかくされていたのです。ぼくがその秘密を解き明かしました。

日本語の「感動」はローマ字で書くと、「can do」になることが判明したのです。〝きみならできる〟という意味ですね。

ものすごく前向きで、グローバルな駄洒落《だじゃれ》が完成してしまいました。人間は歳《とし》を取るとなんでも駄洒落に見えてきますから、しょうがないです。

ということで、「感動」は「can do」なので、ぜひいっぱい「感動」してください。

ちなみにこの駄洒落にはネタ元があります。

これはアメリカの航空宇宙局NASAの門に、今から80年も前に刻まれた文言です。

Dream can do.

Reality can do.

——思い描《えが》くことができれば、それは現実になる。

80年前です。

当時、まだ生まれたばかりの飛行機は、「ブーガちゃん」といわれていました。

どういうことかというと、「ブーーーーーーガチャンッ！」です。そんな飛べないブーガちゃんたちは、やがて〝「夢」は「can do」〟という言葉どおり、あっという間に月まで行ってしまいました。

ぼくたちだって、まだまだ「ブーガちゃん」です。まだまだ足りないのです。だから足りているふりや、ちゃんとしているふりなんかしなくていい。

ぼくたちはもっと「感動」するべきです。そうしたら、ぼくたちは大地を蹴《け》って、どこかもっと遠くに行けるはずなのです。

できるかどうかは気にしない。やりたいことはなんでもやってみよう。

Imagination Lesson

24

否定されても、怒らず聞き流す。

なにか新しいことをはじめようとすると、必ず「そんなのはきれい事だ」「理想論だ」「できるわけがない」と否定的な意見をいってくる人たちがいます。悔《くや》しいです。でも大丈夫《だいじょうぶ》。なんぼ人からバカにされても、自分はバカにはならないからです。放っておけばいいです。でもバカにされたときに相手をうらんだり、やめたり、呪《のろ》ったりしたら、相手の思うツボです。悔しくて悲しくてどうしようもないとき、ぼくはこの言葉を思い出すことにしています。

「明日のために、今日の屈辱《くつじょく》に耐《た》えるのだ」

いい言葉です。どんなに悔しくてもコンチクショーとはなりません。ぐっとこらえて、明日、仇《かたき》を取るために学ぶのです。仲間を作るのです。からだを鍛《きた》えるのです。練習するのです。ぼくはこの言葉を小学校1年生のときにある人から教わりました。アニメ『宇宙戦艦《せんかん》ヤマト』の沖田艦長《おきたかんちょう》です。

自分の考えというものは、まわりにどんどん否定されるものです。否定する人は必ずいます。でも否定する人に「否定すんな」といってやめさせることはできません。だから一番大事なのは、否定されても気にしないことです。

なにかいわれても「猫《ねこ》が鳴いてる」とか「犬が吠《ほ》えてる」くらいに思って、放っておけばいい。ちょっとつらいですけどね。あとは応援《おうえん》してくれる人を探しましょう。自分のやりたいことや、好きなことをいって、人と出会うチャンスを作ってください。きっと、いろんな人が助けてくれますから。いっぱい夢をしゃべって、仲間を見つけてほしいです。

また、やったことがないことをやるとたいてい失敗します。

失敗したらどうすればいいのか。ぼくのロケット実験の場合はいつもこうでした。

発射ボタンを押《お》したあと、ロケットが火を噴《ふ》いて飛んだ……かと思ったら、飛ばずに、火を噴いて落ちてきた……このときどうすればいいかといえば、発射ボタンのコントローラーを捨てて、どうもこうもなく、とにかく逃《に》げて……が正解です。

まずいと思ったら、「逃げる」ことです。自分の失敗を許せなくて、自ら命を絶ってしまう人がいます。ぼくの知っている限り、そういう人はまじめで、やさしくて、責任感のある人ばかりです。もったいないです。残された人のことを考えてほしいです。

「まずい」と思ったら、逃げるのもありなんです。失敗して、ひとりで考え込《こ》んでぐるんぐるんになっちゃったら、とりあえず「逃げる」を選べばいいですからね。

逃げたあとも、失敗した自分を、逃げた自分を、あきらめた自分を責めないでください。

自分を責めてもなんにもなりません。

自分の心の中はもう「苦しい」とか「つらい」とか「きつい」とか「悔しい」とか「申し訳ない」とか「悲しい」とか「恥《は》ずかしい」が、ぐるんぐるんして大変なことになりますが、そのときはこの言葉を唱えればいいです。

「ただいま成長中」

そうしたらぷりっとひと皮むけます。〝ネクスト自分〟になれますから、ぜひこの言葉を使って脱皮《だっぴ》してみてください。

誰《だれ》もやったことがないことを、ひとりで本気で続けていると、急にさみしくなることもあります。

自分が小さいロケットだとして、今めざしていることが星だとしたら、その星に向かって飛んでいくと、その間に専門用語や専門知識が、どんどん身につきます。するとまわりの友だちがだんだん、自分の話を理解してくれなくなります。ひとりぼっちになって、さみしくなっていきます。宇宙空間の真っ暗闇《やみ》の中です。

でもその真っ暗闇の中を、ずーっと飛んでいれば、いつか星にたどり着きます。

そして星にたどり着いたら、同じように飛んできた仲間たちと出会えます。だから飛んだ方がいいです。みなさんはひとりぼっちに負けないロケットです。

悔しくてもさみしくても、ぐっとこらえる。
でも「まずい」と思ったら逃げる。

Imagination Lesson

The Last Lesson

おわりに。

Finally

勉強とはなんでしょうか。誰《だれ》かに点数をつけてもらうためのものでしょうか。いい会社に入るためのものでしょうか。全然違《ちが》いますね。

勉強は、「社会の問題を解決するためのもの」です。そのために人類が必死に積み上げたものです。

では教育とはなんでしょうか。教育とは失敗の避《さ》け方や、責任の逃《のが》れ方や、要領《ようりょう》のいい生き方を教えるためのものでしょうか。

とんでもない間違いですね。教育は「死に至らないよう、失敗を安全に経験させるためのもの」です。

それがすっかりおかしくなったのは、「失敗はマイナスだ」と思い込《こ》んでいる大人が増えたからです。その結果、経験を避けるようになり、自信を持てない人間が山ほど増えてしまい、日本は国力を失いつつあります。

でも大丈夫《だいじょうぶ》です。

やったことがないことを、やりたがる人。あきらめない人。そして工夫をする人。

そういう人がもっと増えればいい。

それは、みなさんですよ。みなさんの心の奥底《おくそこ》には必ず、小さい頃《ころ》の記憶《きおく》が詰《つ》まっています。その記憶を守ってあげてください。そしてこれから出会う人たちに、「夢と希望を与《あた》える！」必要はありませんね。

夢と希望は、ただ奪《うば》わなければいいだけです。あきらめ方を教えなければいいだけです。

みなさんがそうするだけで、10年後の社会は変わります。

ぼくは今「日本の人件費が高い」という問題をなんとかしたいと思っています。

そこでぼくは工場の横にあった13万平方メートルの工業団地をまるごと全部買いました。ちなみに1平方メートル600円です。安いです。

そこで今、ARCプロジェクトという計画をすすめています。宇宙開発で得られた技術を使って、住むためのコストが10分の1、食べるためのコストが2分の1、学ぶためのコストが0になるような仕組み作りを研究しています。

考えてみてください。家のローンと子どもの学費から解放されたら、人生が変わると思いませんか。これがうまくいっていない先進国は、世界で日本だけなんですよ。

日本人だけが異常に寿命《じゅみょう》の短い製品の買い替《か》えと、不当に高い学費を払《はら》うために働かされているのはおかしいと思いませんか。

ぼくはおかしいと思ったのです。

だからここで研究をしているのです。ここは私有地です。法に触《ふ》れない限り、なにをやったって怒《おこ》られません。規制の少ない私有地で新しい社会を作って、そこにぼくたちが暮らしてみればいいと思っています。

ここは私有地です。なんでもできるんです。もう簡単に作れる家の研究もしています。電気を直流で送る方法も研究しています。軽量かつ小さなエネルギーで動く自動車も開発しています。

そこで生まれた社会システムを、世界に提供することも不可能ではないと思っています。その仕組みを売っていくこともできるかもしれない。そんなことが土地が余っている地域なら〝どこでも〟できるのです。

ぼくたちはたった一回の人生をぶっつけ本番で生きています。なんのために生まれてきたのでしょうか。人のいうことを聞くために、あきらめるために、「おれの人生しょせんこんなものか」と思わされるために、ショッカーにされるために生まれたのでしょうか。

違いますね。

ぼくたちは知恵《ちえ》と工夫で、世界を救うために生まれてきました。

世界を救うのは簡単です。

世界を構成するすべての人間が、「自分なんて」と思わなくなればいい。「自分なんて」と思わないために、誰もが「できない理由」を探すことなく、「できる理由」だけを考えるようになればいい。

たったそれだけで世界は、あっという間に良くなります。

これから先、ロボットのおかげで仕事は減っていくけれど大丈夫。仕事がなければ、新しい仕事を作ればいいだけの話です。新しい仕事は、身の回りにある悲しみや苦しみや不便から生まれます。悲しみや苦しみを解決しようとする、みなさんの自信とやさしさが、新しい仕事を生み出します。

もっともっと自信とやさしさを持つために、これからも「やったことがないこと」をやり続けてください。

人生は雇《やと》われるだけじゃない、自分から「やったことがないこと」をはじめるのはありなんです。

過去は変えられませんが、未来は今からいくらでも良くなります。

これからみなさんと一緒《いっしょ》にいい未来を作っていきたいと思います。

人が「こうしたい」といったときに、それが「できない理由」を教える人がいます。否定する人がいます。評論する人がいます。

みなさんの大切な夢が、そういう人たちの言葉に負けないように、「だったらこうしてみたら」という言葉を使ってあげてください。

「こないだテレビで紹介《しょうかい》されていたよ」とか「たしか本屋にそんな本があったかも」と声をかけてあげたら、きっと元気になってくれます。

〝やりたいこと〟を話しにくいのは、否定されたり、笑われたりするからです。

でもみんながお互《たが》いに「だったらこうしてみたら」と応援《おうえん》したら、みんな安心して〝やりたいこと〟を話したくなるじゃないですか。それだけで全員の夢が叶《かな》うのです。すばらしいことですよね。

自分からすすんで「だったらこうしてみたら」という言葉を使ってみてください。そうすればいつかきっと、身の回りからいじめも暴力もなくなります。

みなさんの力を貸してほしいのです。もちろんぼくもがんばります。

小さい頃から、飛行機とロケットが大好きでした。

やったことがない人が全員口をそろえて「飛行機やロケットを仕事にするのは無理だ」と教えてくれましたが、母さんは「思うは招く」と教えてくれました。

それはよくよく考えたらＮＡＳＡの門に刻んである言葉と、同じ意味だということにあとで気がつきました。

そして思ったら本当にできるようになりました。

ぼくができるようになったくらいだから、みなさんにもきっとできるはずです。

ぜひみなさんも思い続けてください。

そしていつか夢を叶えたら、ぼくの工場にきて、ロケットを飛ばしていってくれたらうれしいです。

**ぼくらは知恵と工夫で、
世界を救うために生まれてきた。**

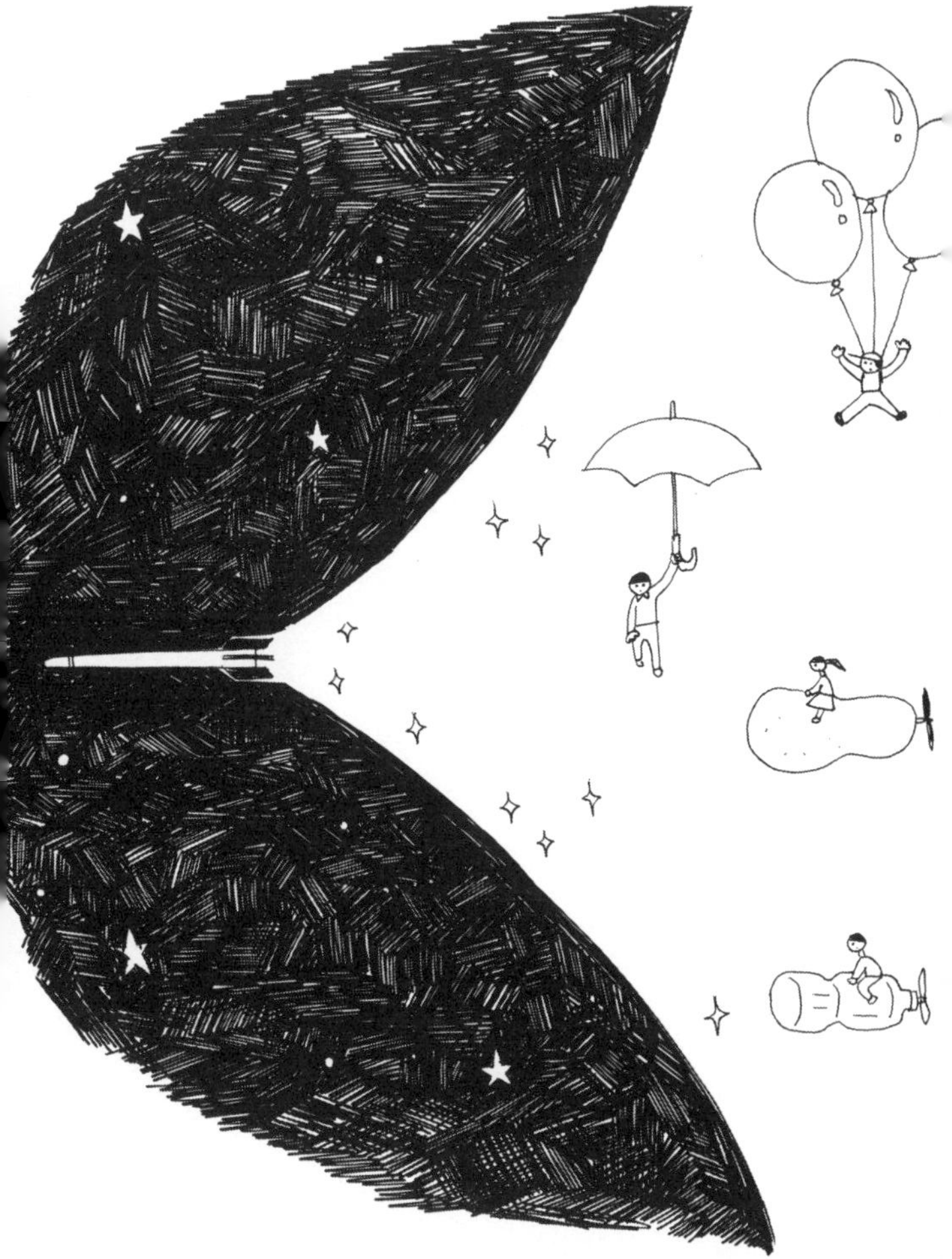

好きなことはいくらでも吸収できます。
これは一生変わらない性質です。
小さい頃をよく思い出してください。
世界は今だって、そのときと同じように輝《かがや》いています。

もしもうまくいかなくて、
好きなことをあきらめそうになったときは、
自分にこういってあげましょう。

「だったら、こうしてみたら?」

植松 努

TSUTOMU UEMATSU

1966年、北海道芦別《あしべつ》市生まれ。株式会社植松電機・代表取締役《とりしまりやく》。株式会社カムイスペースワークス・代表取締役。NPO法人北海道宇宙科学技術創成センター（HASTIC）・理事。

幼少の頃《ころ》より紙飛行機が好きで、大学では流体力学を学び、卒業後に入った会社では航空機設計も手がけた。

現在は植松電機にてロケット開発、宇宙空間と同じ無重力状態を作り出す微小《びしょう》重力の実験、小型の人工衛星開発、アメリカ民間宇宙開発企業《きぎょう》との共同事業、これら4つの宇宙開発を軸《じく》に各研究を進める。

その一方で、全国各地での講演やモデルロケット教室を通じて、年間1万人以上の子どもに“夢をあきらめないことの大切さ”を訴《うった》えている。

また2010年4月からは、「住宅に関わるコストが1/10、食に関わるコストが1/2、教育に関わるコストがゼロ」の社会システムをめざす「ARCプロジェクト」を開始した。

主な著書に『NASAより宇宙に近い町工場』（ディスカヴァー・トゥエンティワン）、『「どうせ無理」と思っている君へ 本当の自信の増やしかた』（PHP研究所）などがある。

『覚悟の磨き方』

超訳 吉田松陰

池田貴将：編訳

不安と生きるか。
理想に死ぬか。

外国の文明を学ぼうと、死罪を覚悟で黒船に乗り込もうとした。幽閉の処分となると、小さな塾を開いて、高杉晋作や伊藤博文など、後の大臣や大学創設者になる面々を育てた。誰よりも遠くを見据えながら、幕末を熱く駆け抜けた天才思想家・吉田松陰。彼の「心」「志」「士」「友」「知」「死」、日本史上、最も熱くてリアルな人生哲学が世代をこえて心に響く。

『私はこうして勉強にハマった』

ビリギャル本人さやか：著

“ビリギャル状態”を完全再現する勉強本

学年ビリから偏差値を40あげて慶應大学に現役合格した著者「ビリギャル本人さやか」が、コロンビア大学院で学んだ認知科学を使い、どうすれば勉強に没頭できるのか？　どうすれば自分の学力を最大化できるのか？　「モチベーション」「戦略と計画」「環境」の3つの視点から丁寧に解説した本。

本書は、2015年11月に刊行された書籍『好奇心を“天職”に変える空想教室』に一部改訂を加えた文庫版です。

天職が見つかる
空想教室

2024年10月15日 初版発行
2024年12月 5 日 第2刷発行（累計1万2千部）
※文部科学省の学習指導要領に基づき、中学1年生以上で習う漢字にふりがなを付記しました。

著者　植松努

イラスト　須山奈津希
写真　榊智朗
デザイン　井上新八
営業　市川聡
広報　岩田梨恵子
編集　橋本圭右

発行者　鶴巻謙介
発行所　サンクチュアリ出版
〒113-0023 東京都 文京区 向丘 2-14-9
TEL03-5834-2507 FAX03-5834-2508
https://www.sanctuarybooks.jp/
info@sanctuarybooks.jp

印刷　中央精版印刷株式会社